행복을 구하는 공식

행복을
구하는
공식

Find True Happiness

새벽출판사

행복의 원리를 설명하기 위해 새로운 단어를 만들어야만 했다. 증명에 필요한 적확한 단어가 존재하지 않았기 때문이다. 따라서 일부 단어를 재정의했고 이 단어들은 사전적 의미와는 다른 뜻을 가진다. 이에 유념하길 바란다.

머리말

　만약 당신에게 굳건한 철학이 있고 이를 고수하려 한다면 나는 그 믿음을 꺾을 수 없다. 애초부터 그럴 생각도 없다. 논리로는 소신을 이길 수 없다는 사실을 잘 알기 때문이다.
　그동안 당연하게 여겨왔던 것들이 부정당할 때, 그 주장을 무조건적으로 배척하려 든다면 이 책의 모든 내용은 한낱 이상주의자의 억설에 불과할 것이다. 하지만 변화를 적극 수용하려는 태도를 갖는다면 이 책을 통해 지금껏 경험하지 못했던 행복과 마주하게 될 것이다.
　행복을 얻기 위해서는 기존 관념을 버리고 새로운 가치관을 받아들여야 한다. 이러한 노력은 그에 상응하는 행복으로 보상받을 것이다.

목차

머리말 7

#1 교수를 만나다 14

삶의 궁극적 지향점 15
#2 행복의 첫걸음 17

양수와 음수 18
#3 행복의 재료 22

수단과 가치 23
#4 본질에 초점을 맞추다 26

수단과 가치 - 꿈 27
#5 꿈의 재조명 29

수단과 가치 - 돈 30
#6 경로를 이탈하지 않도록 33

수단과 가치 - 인간관계	34
#7 나를 위한 사랑	38
수단과 가치 - 이타	39
#8 피상적 정의	42
고정관념	43
#9 올바른 가치관이란	46
물질중심적 가치관	47
#10 내가 몰랐던 행복	52
심리적 충족	53
#11 양수를 행복으로	59
최고점 지향	60
#12 지향 수치에 제동을 걸다	64
타협점 - 정의, 설정 기준	65
#13 더 명확한 근거	68

타협점 - 설정 근거	69
#14 타협의 목적	72
타협점 - 설정 분야	73
#15 최고점 지향을 멈출 뿐	77
타협점 - 한계	78
#16 낭만적 발상	81
수치에 개의치 않는 목적성 - 정의	82
#17 일거양득의 비밀	86
수치에 개의치 않는 목적성 - 결핍	87
#18 합리적인 선택	93
수치에 개의치 않는 목적성 - 충족	94
#19 현혹되지 말 것	98
수치에 개의치 않는 목적성 - 결론	99
#20 선택과 집중	110

행복의 본질	111
#21 물질적 충족의 우선순위	113
유희	114
#22 유희의 본질	123
욕구충족	124
#23 애써 외면한 사실	133
발전	134
#24 방식의 차이	138
경험	139
#25 불확실한 발전	144
일과 유희	145
#26 포기해야 하는 것	150
필요 수치	151
#27 반드시 필요한 변화	156

저효율의 행복 추구 방식	157
#28 감정에 속지 않도록	161
열등감	162
#29 양수로 가장한 감정	165
우월감, 허영심	166
#30 나만의 가치를 위해	170
삶의 가치	171
#31 행복을 따라서	177
현재와 미래의 균형	178
#32 미래와 운명	190
불가항력	191
#33 나의 우주	196
단어 정리	198

#1 교수를 만나다

 인적 드문 지하철 역. 하루 6차례 운행이 전부일만큼 이용객이 적은 곳이었기에 밤 열 시가 넘어 지하철을 타는 사람은 항상 나 혼자였다. 그런데 어느 날부터 한 남자가 나와 같은 시간에 지하철을 타기 시작했다. 매일 역에서 마주쳤기 때문에 나는 자연스레 그와 대화를 나누게 되었다.
 그는 자신을 교수라고 소개했다. 행복에 대해 연구하고 있고, 일 때문에 당분간 이곳에 머무르게 되었다고 말했다.
 행복에 대해 연구한다는 말에 나는 흥미가 생겨 질문했다.
 "행복을 이론적으로 정의하는 게 가능한가요?"
 교수가 답했다.
 "정의하는 건 쉽지만 이해하는 건 매우 어려운 일이에요."
 이어, 원한다면 행복에 대해 설명해 주겠다고 말했고 내게는 거절할 이유가 없었다.
 매일 밤 지하철을 기다리는 15분의 시간. 교수에게 행복의 원리를 배우게 되었다.

삶의 궁극적 지향점

 삶의 목적에 대해서는 수많은 해석이 가능하다. 관점에 따라 다양한 가치 판단으로 이어질 수 있다. 그러나 어떠한 논리로도 행복이 삶의 목적이라는 사실을 부정할 수는 없다. 이는 증명이 필요 없을 만큼 명백한 사실이다. 인간의 삶에서 행복은 절대적인 가치이기 때문이다. 그 무엇도 행복이라는 가치를 넘어설 수는 없다. 영적인 믿음을 제외한다면 행복이 삶의 목적이라는 사실은 삶에서 가장 확실한 명제이다.

　행복은 삶의 궁극적 지향점이다. 모든 지향점의 종착지다. 행복에 대한 이해는 이 전제를 마음속에 뿌리내림으로써 시작된다.

#2 행복의 첫걸음

"행복의 시작은 삶의 궁극적 지향점을 자각하는 일이에요."
교수는 삶의 모든 지향점이 행복으로 귀결된다는 사실을 강조했다.

양수와 음수

　행복과 불행을 수학적 개념에 비유하면 다음과 같다. 일단 행복의 크기를 숫자로 나타낼 수 있다고 가정하자. 그러면 행복이 커질수록 숫자도 커지게 된다. 반대로, 불행이 커질수록 숫자는 작아진다. 그런데 행복과 불행이 구분되는 지점이 명확하지 않다면 혼선이 빚어질 수 있다. 따라서 행복과 불행의 경계를 '0'으로 둔다. 즉 0 보다 큰 수는 행복을 의미하고, 0 보다 작은 수는 불행을 의미한다. 이에 따라 행복은 양수로, 불행은 음수로 분류된다.

행복과 불행을 굳이 양수와 음수라는 개념으로 구분 지은 데에는 이유가 있다. 행복·불행과 뜻이 유사하지만 그 의미가 한정되는 단어가 필요했다. 행복을 설명하기 위해 반드시 필요한 단어였기에 양수와 음수라는 단어를 새롭게 정의하여 사용한 것이다. 이는 책에서 계속해서 사용될 중요한 개념이므로 그 의미를 정확하게 이해해야 한다.

양수는 '모든 긍정적 감정과 물질적 충족'을 의미한다. 반대로 음수는 '부정적 감정과 물질적 결핍'을 뜻한다. 여기서 말하는 긍정적 감정은 기쁨, 보람, 재미 등의 좋은 감정을 의미한다. 그리고 부정적 감정은 우울, 슬픔, 고독 등의 나쁜 감정을 의미한다.

양수 긍정적 감정, 물질적 충족
음수 부정적 감정, 물질적 결핍

이러한 정의만으로는 양수와 음수의 의미가 쉽게 와닿지 않는다. 하지만 행복·불행의 의미와 비교한다면 그 차이가 확연히 느껴진다.

사람들은 흔히 긍정적인 감정을 행복이라고 생각한다. 하지만 긍정적인 감정은 양수일뿐, 그 자체로 행복이라고 할 수는 없다. 행복은 양수보다 더 넓은 의미로 사용된다.

행복은 삶에 만족하는 상태를 의미한다. 삶이라는 큰 틀에서 바라보는 종합적 개념이다. 반면 양수는 삶의 개별적 요소에 대한 상태를 뜻한다. 즉 행복과 양수는 유사하지만 엄연히 다른 의미를 갖는다. 이를테면 '즐겁다'와 '행복하다'가 다른 것과 같다. 즐거움이라는 감정은 양수에 해당하지만 그 양수만을 가지고 삶이 행복하다고 말할 수는 없기 때문이다. 음수도 이와 같은 맥락이다. 부정적인 감정이나 물질적 결핍을 느낀다고 해서 그게 불행에 해당하는 건 아니다. 이러한 행복과 양수, 불행과 음수의 의미를 분명하게 구분할 줄 알아야 한다.

양수의 총량을 늘려서 행복을 얻으려는 것은 일차원적인 사고다. 행복은 양수를 기반으로 하지만 양수가 곧장 행복으로 이어지지는 않는다. 행복의 정의는 간단하지만 행복에 도달하는 과정이 까다로운 이유는 이 때문이다. 물론 양수의 총량과 행복 간에는 인과 관계가 존재한다. 하지만 행복의 메커니즘은 그리 단순하지 않다. 삶의 수많은 요소에서 양수를 느끼더라도 결국 행복에 다다르지 못하면 소용이 없다.

양수는 행복의 원료다. 행복을 얻는 데 필요한 재료일 뿐이다. 즉 삶에서 양수를 채우는 것은 행복의 조건을 갖추는 일에 해당한다. 그 양수를 통해 행복을 얻는 것은 또 다른 문제다.

행복 삶에 만족하는 상태
불행 삶에 불만족하는 상태

#3 행복의 재료

 교수는 행복의 정의와 함께 양수와 음수라는 개념을 제시했다.
 "양수가 기름진 땅이라면 행복은 거기서 자라나는 나무예요. 땅이 비옥할수록 나무가 잘 자랄 수 있는 것처럼, 양수는 행복에 매우 중요한 역할을 해요. 반대로 음수라는 척박한 땅에서는 나무가 제대로 자랄 수 없어요."
 "양수가 행복의 조건이라고 보면 될까요?"
 "맞아요. 그동안 행복이라고 여겼던 감정들은 사실 양수에 해당해요. 삶에 양수를 채우는 일은 행복의 조건을 갖추는 과정이라고 볼 수 있어요."

수단과 가치

　사람들은 제각기 다른 삶을 살지만 행복을 지향한다는 점에서는 동일하다. 행복을 추구하는 방식이 다를 뿐이다. 행복 추구 수단은 다르지만 행복이라는 단 하나의 가치를 지향하는 것이다. 즉 삶의 모든 지향점은 행복을 궁극적인 목적으로 삼는다. 이 사실은 수단과 가치의 차이를 시사한다.
　수단은 말 그대로 행복을 얻기 위한 수단을 의미한다. 수단을 통해 행복이라는 가치를 얻고자 하는 것이다. 행복은 삶의 유일한 가치이고 모든 수단은 이 가치를 좇는다. 따라서 삶의 모든 지향점은 행복 추구 수단에 해당한다. 행복이라는 가치를 추구하는 과정의 매개체인 셈이다.

수단 (행복 추구 수단)   행복을 목적으로 하는 삶의 모든 지향점

수단과 가치를 혼동하는 경우가 존재하는데 이는 큰 문제로 이어진다. 수단에 지나친 의미를 부여한 나머지 행복이라는 궁극적인 목적이 흐려진다는 점이다.

수단과 가치를 혼동하는 데에는 사회적 인식이 크게 기여한다. 사회는 특정 수단이 행복 이상의 무언가를 가져다줄 것처럼 여기며 가치관에 혼란을 일으킨다. 특정 수단에 행복 이상의 가치가 있다고 간주하는 것이다. 이는 사회가 부여한 가치일 뿐이다. 그 행동에 지나친 의미를 부여한 결과다. 극적이고 화려한 모습에 갖가지 의미를 부여해 행복 이외의 가치가 있다고 믿게 만드는 것이다.

가치로 여기는 수단에는 대표적으로 돈, 꿈, 사랑이 있다. 사회는 돈이 행복에 기여하는 정도를 과대평가한다. 그 결과 돈에 행복 이상의 가치를 부여하는 문제가 발생한다. 자

본주의 사회에서 돈은 절대적이지만 행복의 척도가 되지는 못한다. 또한 사람들은 피나는 노력으로 이루어 낸 꿈을 우러러본다. 희생을 자처하는 순수한 사랑을 보며 감동을 받기도 한다. 물론 가치 있는 일이지만 그 모든 지향점이 궁극적으로 자신의 행복을 목적으로 한다는 사실은 변하지 않는다. 이를 분명히 자각하고 수단과 가치의 차이를 이해해야 한다.

#4 본질에 초점을 맞추다

수단과 가치에 대한 교수의 설명에 나는 의문이 생겼다.
"모든 삶의 궁극적인 가치가 행복이라고 단정지을 수 있는 건가요?"
교수의 태도는 단호했다.
"행복을 추구하는 방식이 다를 뿐, 궁극적으로 행복이란 가치를 추구한다는 점에서는 동일해요. 만약 행복 이외의 가치를 지향한다면 그건 잘못된 가치관이에요. 수단에 지나친 의미를 부여한 결과니까요."
교수는 삶의 본질은 행복이란 목적성이고, 어떠한 가치도 그 본질을 벗어날 수 없다고 거듭 강조했다.

수단과 가치 - 꿈

　꿈은 직업에 국한되는 개념이 아니다. 행복을 지향하는 과정에서 설정한 목표를 꿈이라고 부른다. 꿈이라는 단어는 달성하고자 하는 모든 목표에 사용할 수 있다.
　인간의 궁극적인 꿈은 행복이다. 사람들이 꿈이라 여기는 것은 사실 행복이라는 꿈을 이루기 위한 일차적 목표이다. 꿈을 향한 열정을 다른 말로 표현하면 행복에 대한 갈망이다. 모든 꿈은 행복이라는 궁극적 지향점을 갖기 때문이다.

만약 행복을 희생하면서까지 달성하고자 하는 목표가 있다면 이는 수단과 가치를 혼동한 것이다. 수단에 과도한 의미를 부여한 나머지 삶의 궁극적인 지향점이 희미해진 것이다. 꿈의 본질적인 목적이 변질된 셈이다. 그 어떠한 수단도 행복이라는 궁극적 가치보다 값질 수 없다는 사실을 명심해야 한다. 큰 희생으로 일구어 낸 결과물이 가져다 줄 행복을 과대평가해서는 안 된다. 생각의 폭을 넓히지 못하면 이처럼 가치 판단에 오류가 발생한다. 그 꿈의 달성 여부가 행복을 좌우한다는 생각이 집착으로까지 이어질 수 있다.

  꿈을 위해서는 어떠한 희생도 감수해야 한다는 인식이 만연하다. 물론 좋은 결과물은 희생과 노력을 통해 얻어진다. 목표에 대한 갈망은 열정으로 이어지고, 열정은 성취를 낳는다. 그러나 목표에만 집중한 나머지 행복이 차순위로 밀려난다면 이는 가치관의 모순에 해당한다. 본질을 봐야 한다. 모든 목표의 궁극적인 목적을 잊어서는 안 된다. 어떤 꿈이든 행복이라는 본질을 해쳐서는 안 된다.

#5 꿈의 재조명

교수가 말했다.
"자신의 행복을 희생하면서까지 이루고자 하는 꿈은 고집이고 집착일 뿐이에요."

수단과 가치 - 돈

　행복을 위해서는 물질적 충족이 반드시 필요하다. 여기서 말하는 물질적 충족은 그 개념이 매우 포괄적이다. 생존을 목적으로 하는 충족의 아주 작은 양수부터, 사치를 통해 얻는 양수까지 모두 포함한다. 즉 물질적 충족은 행복의 핵심 요건이다.
　돈은 물질적 충족의 척도에 해당한다. 대부분의 물질적 충족은 돈을 기반으로 이루어지기 때문이다. 돈이 물질적 충족에 한해 절대적인 영향력을 행사하는 것은 자본주의 사회에서 너무나도 당연한 일이다. 따라서 돈은 행복을 추구하는 데 반드시 필요한 요소이다. 사냥과 채집에 의존하던 인류의 생존 방식은 이제 생산으로 바뀌었다. 즉 현대 사회에서 돈은 생존을 위해서라도 반드시 필요한 수단이다. 돈을 지향하는 것은 인간의 생존 본능과도 같다. 그만큼 돈을 추구하는 것은 지극히 합리적인 일이다.

물질적 충족의 한계

 기본적인 물질적 충족 없이는 행복을 논할 수 없다. 그만큼 물질적 충족은 삶의 중요한 부분이고 행복에 있어서도 큰 비중을 차지한다. 하지만 이러한 물질적 충족에도 한계는 존재한다. 물질적 충족의 중요성과 돈의 필요성은 아주 명확하다. 그러나 돈 또한 행복 추구 수단에 불과하다는 사실을 잊어서는 안 된다. 돈이 절대적인 힘을 발휘하는 것은 물질적 충족에 한해서다. 물질적 충족이 필수 조건인 것은 사실이지만 물질적 충족만으로는 행복을 얻을 수 없다. 일정 수준을 넘어가면 그 이상의 돈은 행복에 큰 영향을 미치지 못한다. 그럼에도 불구하고 사회는 물질적 충족의 가치를 과대평가한다. 그 결과 돈을 행복 추구 수단이 아닌 삶의 가치로 삼기에 이른다.

 물질적 충족과 행복의 연관성에 대해서는 추후에 심도 있게 다룰 것이다. 현재로서는 돈이 일종의 행복 추구 수단이며 그 이상의 가치가 없다는 사실을 자각하는 것으로 충분하다. 돈을 그저 행복 추구 수단의 일환으로 바라보는 태도가 필요하다. 그 이상의 가치를 부여한 나머지 행복이 아닌 돈에 삶의 초점을 맞추는 일이 없도록 주의해야 한다.

#6 경로를 이탈하지 않도록

"돈은 행복에 많은 영향을 끼치잖아요. 그러면 돈에 큰 가치를 부여하는 게 당연하지 않나요?"

"물론 돈은 합리적인 지향점이에요. 그러나 돈은 물질적 충족을 위해 필요한 요소일 뿐이에요. 돈에 초점을 맞추면 행복이라는 본질적인 가치에서 멀어질 수밖에 없어요. 돈을 추구하되 삶의 궁극적인 가치가 차순위로 밀려나서는 안 돼요."

수단과 가치 - 인간관계

　인간은 수많은 관계를 맺으며 살아간다. 해가 되는 관계는 청산하고 득이 되는 관계는 유지하려 한다. 이는 물질적 손익만을 뜻하는 게 아니다. 내 행복에 도움이 되지 않는다면 배척하고 도움이 된다면 지속한다. 이기적이고 배려심 없는 대상은 멀리하고 관계를 단절한다. 반면 함께할 때 즐겁고 유익한 관계는 발전시키려 한다. 인간관계가 행복 이상의 가치를 지닌다면 결코 있을 수 없는 일이다. 이는 모든 인간관계의 목적이 '나의 행복'이라는 사실을 증명하는 부분이다. 즉 인간관계는 일종의 행복 추구 수단이다. 행복에 도움이 되어야만 유의미한 인간관계라고 볼 수 있다.

사랑

사랑은 일반적으로 인간관계에서 얻는 양수를 뜻하는데 이는 더 포괄적인 의미로 사용할 수 있다. 가족, 친구, 이성뿐만 아니라 반려동물과의 관계에서 얻는 양수 또한 사랑으로 분류할 수 있다. 넓은 의미에서 보면, 사랑은 정서적으로 친밀한 모든 관계에서 얻는 양수를 의미한다. 이러한 사랑이라는 양수는 삶에서 큰 비중을 차지한다.

사랑이 행복에 크게 기여한다는 점은 분명하다. 그런데 문제는 사랑을 과대평가한다는 점이다. 사회적 통념에 따르면 사랑의 가치는 실제보다 높게 평가되었다. 인간관계에 너무 큰 의미를 둔 탓이다. 그 결과 특정 인간관계를 인생의 전부로 여기기도 한다. 무엇보다 이성관계에서 비롯되는 양수에 과도한 가치를 부여해서 가치관에 혼란을 가중시킨다.

사랑 인간관계에서 비롯되는 양수. 넓은 의미로는, 모든 애착관계에서 느낄 수 있는 양수

이성관계

 이성관계에서 비롯되는 양수는 다른 양수들이 시시하게 느껴질 만큼 강력하다. 때문에 이성적 사고를 방해한다. 그 감정이 지속될 것이라는 착각에 빠지게 한다. 사랑이라는 양수만으로 인생을 살아갈 수 있을 것이라 오인하게 한다. 이는 이성 간 사랑을 과대평가하게 만드는 이유 중 하나이다. 실상은 결코 지속되지 않는 인간관계 양수에 불과하다는 사실을 모른 채 말이다.

 다른 인간관계에서는 느낄 수 없는, 이성관계에서만 얻을 수 있는 특별한 감정은 성욕에 기인한 양수이다. 연인의 긴밀한 유대감은 성욕을 기반으로 한다. 사랑이라는 표현으로 이 사실을 애써 감췄을 뿐이다. 이성관계의 양수는 시간이 지날수록 점차 줄어든다. 시간이 흐를수록 처음 느꼈던 강렬한 양수는 옅어지고 결국에는 다른 인간관계에서 얻는 것과 동일한 양수만이 남게 된다. 이성 간 사랑은 과대 포장된 양수이다. 이성관계에 어떠한 의미를 덧붙여도, 행복 추구 수단이라는 본질은 변하지 않는다.

 성욕에 기반한 이성 간 사랑을 부정적으로 바라보는 게 아니다. 오로지 이성관계에서만 느낄 수 있기에 그만큼 특별한 감정인 것은 분명하다. 하지만 사랑이라는 표현으로 행복 이상의 가치로 행세하는 것은 잘못되었다. 행복 이외의 의미를 부여하는 것은 가치관의 오류이다. 그 어떠한 사랑도 자신의 행복보다 값질 수는 없다. 모든 인간관계는 자신의 행복을 목적으로 하기 때문이다. 올바른 가치 판단을 위해서는 사랑이 양수의 한 가지 종류일 뿐이라는 사실을 명심해야 한다. 또한 이성 관계는 그저 하나의 행복 추구 방식이라는 점을 잊지 말아야 한다.

#7 나를 위한 사랑

 양수를 얻지 못하는 인간관계는 가치가 없다며 교수는 못을 박았다.
 나는 교수에게 물었다.
 "그렇다면 인간관계는 행복을 위한 수단에 불과한 건가요?"
 "인간관계뿐만 아니라 삶에서 지향하는 모든 요소는 행복 추구 수단에 해당해요. 모든 행동의 궁극적인 목적은 행복이니까요."
 "행복이 유일한 가치이고, 행복을 얻기 위한 요소는 가치가 없다는 말인가요?"
 "행복 추구 수단이라고 해서 그게 무가치하다는 뜻이 아니에요. 행복 추구 수단은 양수를 생산하는 공장이니까요."

수단과 가치 - 이타

 사랑을 이야기할 때 빠지지 않는 것은 자신을 희생하는 이타적 행동이다. 타인의 행복을 지향하는 이타적 행동은 자신의 행복을 추구하는 것 이상의 가치가 있다고 생각할 수 있다. 희생을 감수하고 타인을 위해 사는 삶은 숭고하게 느껴지기도 한다. 이를 통해, 모든 지향점이 자신의 행복을 목적으로 한다는 말에 반론을 제기할 수 있다. 모든 인간관계가 자신의 행복을 위한 수단이라면, 타인을 위한 행동은 어떻게 설명할 것인가? 이를 모순이라고 여길 수 있다.

사랑하는 사람을 위해 자신을 희생하는 이유는, 양수를 일부 희생하더라도 대상의 행복을 도모하며 그 인간관계의 양수를 계속해서 얻는 게 더 큰 행복으로 이어지기 때문이다. 대상으로부터 얻는 인간관계 양수가 클수록 대상의 안위와 존재 자체가 매우 중요한 일이 된다. 따라서 대상의 행복을 위해 자신을 일부 희생하는 것이 결과적으로 더 큰 행복으로 돌아오는 것이다. 대표적으로 모성애가 이에 해당한다. 자신에게 너무나도 큰 양수가 되기 때문에 대상의 행복을 위해 희생을 자처할 수밖에 없는 것이다.

누군가를 사랑하는 만큼 대상의 고통은 자신에게도 전해진다. 반대로, 사랑하는 대상의 행복도 간접적으로 전해진다. 결국 사랑하는 사람을 위한 이타적 행동은 남을 위한 일처럼 보이지만 사실은 자신의 행복을 목적으로 하는 것이다. 따라서 지나친 이타는 가치관의 오류에 해당한다. 행복이라는 근본적 목적이 무의미해지는 행동이다. 이타로 얻는 양수보다 희생이 더 커져서는 안 된다. 이는 삶의 본질을 부정하는 일이다.

결코 이기적인 사고를 조장하는 게 아니다. 이타적인 행동을 배척하거나 자신에게 이득이 되지 않는 이타를 지양하라는 뜻이 아니다. 그저 모든 이타가 그 자체로 숭고하고 아름다운 행동은 아니라는 사실을 알라는 것뿐이다.

때로는 과도한 희생이 자신의 행복을 저해하기도 한다. 이는 이타가 무조건적으로 옳고 정의롭다는 생각에서 비롯된 일이다. 이타가 무조건 선하다는 개념이 사회적으로 통용된 결과이다. 이타에 대한 사회적 통념은 잘못된 가치 판단으로 번질 우려가 있다. 이러한 가치관의 오류를 바로잡기 위해서는 고정관념에 대해 알아야 한다. 이타가 무조건 옳다는 생각을 비롯하여, 수많은 삶의 요소를 해석하는 데 있어 얼마나 많은 고정관념이 자신을 지배하고 있는지 알아야 한다. 이를 위해 다음 고정관념 파트에서는 기존 가치관을 점검하며 새로운 가치관으로 나아가기 위한 발판을 제시할 것이다.

#8 피상적 정의

"이타를 정의로운 행동이라고 여기는 것은 편협한 생각이에요."

나는 교수의 말을 받아들이기 어려웠다. 내가 이해하지 못하는 것을 눈치챘는지, 교수는 정의에 대해 부연했다.

"엄밀히 말하면 정의라는 개념은 존재하지 않아요. 옳고 그름을 판단할 수 있는 절대적인 기준이 존재하지 않기 때문이에요. 윤리나 선악은 사회적 통념에 기반하여 임의로 해석한 것이에요. 그동안 정의라고 여겼던 것들은 그저 통용되는 가치관에 불과해요. 공동체를 위한 이상적인 행동 규범이라고 해서, 그게 정의라고 할 수는 없어요. 선악을 구분 짓는 기준은 입장과 해석에 따라 달라지거든요. 즉 보편적인 정의도 결국에는 개인, 국가, 인류의 입장에서 내놓은 지극히 주관적인 견해일 뿐이에요."

고정관념

사람들은 변화를 두려워하고 익숙한 상태를 유지하려 한다. 이는 가치관에도 그대로 적용되어 기존의 사고방식을 고수하려는 태도로 이어진다. 그 상태가 지속되면 고정관념이 마음속에 뿌리를 내리게 된다. 이 고정관념은 새로운 생각을 억제하고 행복에 대한 가능성을 제한한다.

학습된 가치관

고정관념은 대부분 학습된 것이다. 기성세대와 교육 시스

템에 의해 한 방향으로만 생각의 가지를 뻗도록 배워 왔다. 그리고 이는 고정관념이 되어 삶을 지배하게 되었다. 기존 가치관을 따르는 것이 당연한 환경이었기 때문에 사실상 선택의 여지가 없었다. 사회로부터 학습된 고정관념이 가치관으로 자리잡은 것이다. 즉 우리 가치관은 주변 환경으로 인해 형성된 고정관념이다.

인류의 과학 기술은 눈부신 속도로 발전했지만 가치관은 전혀 진보하지 않았다. 시대가 변했는데도 사고방식과 가치관은 제자리에 머물고 있다. 고정관념을 깨지 못했고, 가치관의 변화를 도모하지 않았기 때문이다. 이는 사회가 행복에 대해 얼마나 무지한지 알 수 있는 부분이다.

고정관념을 극복하는 건 어려운 일이다. 모두가 가는 길에서 이탈해 홀로 다른 방향으로 나아가는 것과 같다. 남들에게는 방황하는 것처럼 보이기도 한다. 그러나 행복으로 향하는 새로운 길을 개척하려면 기존의 방식에서 벗어나야 한다. 익숙한 생각에서 벗어나려는 용기를 내지 않는다면 그 삶에서 큰 행복은 기대할 수 없다. 그저 살아온 대로, 기성세대의 전철을 밟으며 살 수밖에 없다. 행복의 주위를 겉돌게 될 것이다. 하지만 틀을 깨려는 노력은 행복에 대한 무한한 가능성을 불러온다. 역사가 증명하듯, 인류는 이러한 변화를 기점으로 발전해왔다. 오랫동안 인간을 지배해 온 고정관념을 버리고 새로운 가치관을 좇을 때가 되었다. 고정관념의 문제를 자각하고 개선하려는 노력이 있어야 새로운 가치관을 받아들일 수 있다. 고정관념을 깨지 못하고 기존의 가치관을 고수한다면 행복은 영원히 닿을 듯 닿지 않는 신기루가 될 것이다.

고정관념의 자각

  고정관념이 무서운 이유는, 스스로 고정관념을 자각하지 못하기 때문이다. 가치관이 학습되었다는 사실도, 그 가치관이 고정관념이라는 사실도 모르는 것이다. 모두가 같은 생각을 갖고 살아가기 때문에 그게 잘못되었다는 사실을 깨닫기 어렵다. 당연한 가치 판단이라고 착각하게 만든다. 마치 과거에 천동설을 믿었던 사람들처럼, 현시대의 진리처럼 여겨지는 사고를 쉽게 벗어나지 못하기에 그에 반하는 주장을 배척하게 된다.

  고정관념에서 벗어나기 위해서는 자신이 고정관념에 지배당하고 있다는 사실을 자각하는 게 우선이다. 고정관념을 극복해야 새로운 가치관을 받아들일 수 있다. 그동안 당연하게 여겨온 가치관이 우리 인생을 편협한 방향으로 이끌고 있다는 사실을 깨달아야 한다. 무엇보다, 이러한 자각이 있어야만 새로운 가치관의 필요성을 느낄 수 있다.

#9 올바른 가치관이란

"행복이 고정관념과 관련이 있나요?"
"행복은 고정관념 청산 여부에 따라 결정돼요. 이상적인 가치관은 기존의 행복 추구 방식을 부정하거든요."

관념의 문제를 자각하고 개선하려는 노력이 있어야 새로운 가치관을 받아들일 수 있다. 고정관념을 깨지 못하고 기존의 가치관을 고수한다면 행복은 영원히 닿을 듯 닿지 않는 신기루가 될 것이다.

고정관념의 자각

고정관념이 무서운 이유는, 스스로 고정관념을 자각하지 못하기 때문이다. 가치관이 학습되었다는 사실도, 그 가치관이 고정관념이라는 사실도 모르는 것이다. 모두가 같은 생각을 갖고 살아가기 때문에 그게 잘못되었다는 사실을 깨닫기 어렵다. 당연한 가치 판단이라고 착각하게 만든다. 마치 과거에 천동설을 믿었던 사람들처럼, 현시대의 진리처럼 여겨지는 사고를 쉽게 벗어나지 못하기에 그에 반하는 주장을 배척하게 된다.

고정관념에서 벗어나기 위해서는 자신이 고정관념에 지배당하고 있다는 사실을 자각하는 게 우선이다. 고정관념을 극복해야 새로운 가치관을 받아들일 수 있다. 그동안 당연하게 여겨온 가치관이 우리 인생을 편협한 방향으로 이끌고 있다는 사실을 깨달아야 한다. 무엇보다, 이러한 자각이 있어야만 새로운 가치관의 필요성을 느낄 수 있다.

#9 올바른 가치관이란

"행복이 고정관념과 관련이 있나요?"
"행복은 고정관념 청산 여부에 따라 결정돼요. 이상적인 가치관은 기존의 행복 추구 방식을 부정하거든요."

물질중심적 가치관

삶의 주된 고정관념은 물질중심적 가치관이다. 물질중심적 가치관이란 '물질적 충족을 삶의 최우선 순위로 여기는 가치관'을 의미한다. 물질적 충족을 행복의 중심으로 여긴다고 해서 물질중심적 가치관이라고 정의한다. 여기서 말하는 물질적 충족이란 '물질적 요소를 통해 얻는 양수'를 의미한다. 그리고 물질적 요소는 '삶의 모든 물질적 요소'를 뜻한다. 마지막으로 물질적 수치란 '물질적 요소의 질'을 뜻한다.

물질중심적 가치관 물질적 충족을 행복의 척도로 여기고
삶의 최우선 순위로 두는 가치관

물질적 충족 물질적 요소를 통해 얻는 양수

물질적 수치 물질적 요소의 질

물질적 요소 물질적 충족을 성립시키는 삶의 모든 물질적
요소.

 이는 원활한 설명을 위해 새롭게 정의한 용어다. 이해를 돕기 위해 식사로 예를 들어 설명하면 다음과 같다. 일단 물질적 수치는 음식의 질에 해당한다. 음식의 수준이 낮다면 물질적 수치가 낮은 것이고, 음식의 수준이 높다면 물질적 수치가 높은 것이다. 즉 물질적 수치는 음식의 수준이나 품질, 우수한 정도를 의미한다. 그리고 물질적 충족은 식사를 통해 얻게 되는 양수를 뜻한다. 영양이나 욕구 충족이 이에 해당한다. 마지막으로 물질적 요소는 물질적 충족을 성립시키는 음식을 의미한다.

물질적 충족으로 행복을 얻으려는 건 자연스러운 일이다. 물질적 충족은 인간의 원초적인 행복 추구 방식이기 때문이다. 행복을 얻기 위해 물질적 충족을 지향하는 것은 지극히 합리적인 일이다. 무엇보다 물질적 충족을 위한 노력은 생존을 위해서라도 반드시 필요하다. 즉 소비를 통한 물질적 충족은 선택의 영역이 아니다. 하지만 물질적 충족이 필수적인 요소에 해당할 뿐, 물질중심적 가치관이 옳다는 뜻은 아니다. 물질중심적 가치관은 행복의 걸림돌에 지나지 않는다.

사회는 물질적 충족이라는 양수를 매우 높게 평가한다. 물질적 충족을 행복의 중심으로 여긴 탓이다. 그에 따라 물질적 충족과 행복의 가치를 동일시한다. 나아가, 물질적 충족의 척도인 돈의 가치 또한 과대평가한다. 이러한 물질중심적 가치관은 사고를 지배하며 끊임없이 더 큰 물질적 충족을 갈망하게 한다. 그로 인해 물질적 수치를 높여서 행복을 얻으려는 시도만이 수없이 반복된다. 충족이 더 큰 갈망으로 이어지지만 이러한 노력을 멈추지 않는다. 물질적 충족의 한계를 마주하는데도 불구하고 끊임없이 물질적 수치를 높이려 한다. 물질중심적 가치관에 의해 물질적 충족이라는 행복 추구 방식만 고수한 결과이다. 이는 행복을 저해할 뿐이다. 따라서 이제는 새로운 지향점이 필요하다. 물질적 충족의 한계를 이해하고 다른 방식으로 행복을 추구해야 한다.

 물론 행복을 위한 물질적 충족의 중요성은 분명하다. 그러나 이러한 물질중심적 가치관은 행복을 추구하는 데 있어 편협한 방향성을 갖게 한다. 행복에 대한 이해가 부족한 탓에, 행복 추구 방식을 물질적 충족에만 국한하게 된다. 어떤 물질적 요소에 집중하는지에 대한 차이만 존재할 뿐이다. 다른 방식으로 어떻게 행복을 얻을지에 대한 고민조차 하지 않는다. 이는 물질중심적 가치관이 모든 사고를 지배한 결과이다. 그로 인해 행복을 위한 가치 판단에서 매우 좁은 시야를 가질 수밖에 없다.

 물질적 수치를 높이면 물질적 충족의 크기가 커진다. 물질적 수치를 높이면 그에 따라 양수가 증가하는 것은 사실이다. 하지만 단순히 양수의 크기를 높이거나 양수의 총량을 늘린다고 해서 행복을 얻을 수는 없다. 즉 물질적 수치를 높이는 것은 행복의 측면에서 큰 효과를 얻을 수 없다. 물질적 수치를 높여서 얻은 양수가 행복으로 이어지는 것은 일시적인 현상이다. 물질적 충족만으로 얻는 행복에는 한계가 존재하기 때문이다. 그러나 이 사실을 모른 채 물질적 수치를 높이려는 노력만 반복한다. 이는 물질중심적 가치관에서 비롯된 악순환이다.

 이 악순환을 멈출 수 있는 방법이 있다. 더 많은 것, 더 좋은 것을 갖지 않더라도 행복을 얻을 수 있는 방법이 존재한다. 그 방법은 다음 파트에서 제시할 '심리적 충족'이라는 개념을 이해하고 새로운 지향점을 갖는 것이다.

#10 내가 몰랐던 행복

"내용이 너무 어려워요."

"단어가 생소해서 헷갈리는 것뿐이에요. 각 단어가 가진 의미는 단순해요. 물질적 충족은 양수, 물질적 수치는 질, 물질적 요소는 수단이라고 생각하면 돼요."

교수는 설명을 이어갔다.

"물질적 요소를 행복 추구 수단으로 바꿔서 생각하면 쉬울 거예요. 물질적 요소, 즉 행복 추구 수단을 통해 양수를 얻잖아요? 그 양수가 바로 물질적 충족이에요. 그리고 그 행복 추구 수단의 질적 수준이 바로 물질적 수치예요."

"모든 양수는 물질적 요소를 통해 얻잖아요. 그러면 물질적 충족만을 지향하는 게 당연하지 않나요?"

"물질적 충족은 양수에 불과해요. 즉 물질적 충족만으로는 결코 행복에 도달할 수 없어요. 삶에서 목표로 하는 것은 양수가 아닌 행복이에요. 행복을 얻으려면 물질적 충족과 더불어 다른 요소를 추구해야 해요."

"물질적 충족보다 중요한 게 있나요?"

"경중을 따질 수는 없지만 물질적 충족과 대비되는 개념이 존재해요. 그건 바로 심리적 충족이에요."

심리적 충족

　물질적 충족이 선행되어야 비로소 행복의 조건이 갖춰진다. 그러나 심리적 충족이 없다면 물질적 충족으로 얻을 수 있는 건 반쪽짜리 행복에 지나지 않는다. 물질적 충족으로 얻을 수 있는 행복에는 한계가 존재하기 때문이다. 이는 물질적 충족이라는 양수를 부정하는 게 아니다. 물질적 충족만을 지향한 탓에 심리적 충족을 도외시하는 문제점을 지적하는 것이다.
　지금까지는 심리적 충족이라는 개념을 몰랐기 때문에 물

질적 충족만을 지향했다. 물질적 충족의 한계를 심리적 충족으로 극복할 수 있다는 사실을 몰랐기 때문이다. 하지만 이제는 새로운 지향점을 통해 행복에 더 가까워질 수 있다. 심리적 충족이라는 행복의 이면을 볼 수 있다면 더 이상 가시적인 양수에 현혹되는 일은 없을 것이다.

 행복은 크게 두 가지로 분류할 수 있다. 물질적 충족과 심리적 충족이다. 심리적 충족은 물질적 충족과 연관이 있지만 둘은 완전히 다른 개념이다. 물질적 충족과 심리적 충족이 모두 갖춰져야 비로소 행복에 도달할 수 있다.
 물질적 충족은 물질적 요소를 충족할 때 얻는 양수를 뜻한다. 그리고 심리적 충족은 '만족'을 의미한다. 만족의 정의는 아주 간단하다. 내가 원하는 만큼 가진다면 만족하는 것이고, 원하는 만큼 갖지 못한다면 불만족에 해당한다. 또한 심리적 결핍은 심리적 충족의 반대 개념이다. 원하는 만큼 갖지 못한 상태를 불만족, 즉 심리적 결핍 상태로 보는 것이다.

  심리적 충족 만족 (원하는 만큼 가진 상태)
  심리적 결핍 불만족 (원하는 만큼 갖지 못한 상태)

심리적 충족 여부는 지향 수치라는 심리적 기준점에 따라 결정된다. 지향 수치는 '자신이 원하는 물질적 수치'를 의미한다. 스스로 설정한 임의의 지점이다. 그리고 현재 수치는 '현재의 물질적 수치'를 줄인 말이다. 이러한 지향 수치와 현재 수치의 상태에 따라 심리적 충족과 심리적 결핍으로 나뉜다.

심리적 충족은 물질적 수치의 영향을 받지 않는다. 오로지 스스로 정한 지향 수치라는 추상적 기준에 따라 결정된다. 지향 수치와 비교해서, 현재 수치가 그와 같거나 더 높을 때 심리적 충족을 얻는다. 반대로 현재 수치가 지향 수치에 미치지 못한다면 심리적 결핍을 느낀다. 즉 지향 수치만큼 갖지 못했을 때 심리적으로 결핍한 상태가 된다. 마음속에서 정한 지향 수치를 기준으로 만족과 불만족이 나뉘는 것이다.

심리적 충족 (만족) 지향 수치 ≤ 현재 수치
심리적 결핍 (불만족) 지향 수치 > 현재 수치

지향 수치 원하는 물질적 수치
현재 수치 현재의 물질적 수치

현재의 물질적 수치가 어느 정도이든, 지향 수치에 미치지 못한다면 해당 물질적 요소에 불만족하게 된다. 만족은 현재 수치를 기준으로 삼지 않는다. 만족은 오로지 지향 수치의 영역이다. 따라서 현재 수치를 높여서 얻은 만족감은 지속되지 않는다. 원하는 만큼 가지더라도 그로 인한 만족감은 잠시, 금세 더 좋고 많은 것을 바라게 된다. 아무리 가져도 더 많은 것을 원하는 탓에 만족이 불가능하다. 얼마나 갖든 그 이상을 지향하며 항상 부족함을 느낀다. 물질적 수치를 높여서 얻는 만족감은 더 높은 수치에 대한 갈망으로 이어질 뿐이다. 더 올라갈 곳이 존재하는 이상 끊임없이 더 높은 물질적 수치를 추구하며 심리적 결핍을 느끼게 된다. 이는 물질적 충족의 한계를 적나라하게 드러내는 부분이다. 즉 심리적 충족에 대한 이해 없이 물질적 수치만 높이는 것은, 충족과 갈망을 끊임없이 오가는 일에 불과하다. 현재 수치를 높이는 것은 물질적 충족의 크기를 높일 뿐, 심리적 충족에는 전혀 도움이 되지 않는다.

  심리적 결핍을 극복하려면 현재 수치를 높일 게 아니라 지향 수치를 낮춰야 한다. 심리적 결핍을 느끼는 이유는 물질적 수치가 낮아서가 아니라 더 큰 수치를 원하기 때문이다. 지금보다 더 많은 것, 더 좋은 것을 원할 때 심리적 결핍을 느낀다. 그러나 지금까지 행복을 추구해 온 방식은 현재 수치를 높이는 것이었다. 그로 인해 끝없는 심리적 결핍과 마주하게 되었다. 현재 수치가 높아짐에 따라 지향 수치가 함께 높아지기 때문에 심리적 결핍을 느낄 수밖에 없었던 것이다. 물질적으로 아무리 채워도 그것에 만족할 수 없었던 것은 이러한 이유 때문이다.

위 내용을 토대로 행복을 새롭게 정의하면 다음과 같다.

행복 삶에 대한 심리적 충족

심리적 충족은 현재 수치가 지향 수치 이상일 때 느끼는 만족감이다. 따라서 현재의 삶이 지향하는 삶과 일치하거나 그보다 나을 때, 삶에 대한 심리적 충족을 느낄 수 있다. 이를 적용하면 행복을 다음과 같이 정의할 수 있다.

행복 지향하는 삶 ≤ 현재의 삶

지향 수치는 이상이고 현재 수치는 현실이다. 이상과 현실의 간극이 클수록 그 괴리감에서 비롯되는 심리적 결핍이 커진다. 즉 현재의 삶과 지향하는 삶의 격차가 클수록 행복

에서는 멀어질 수밖에 없다. 이러한 상황에서 행복을 위해 해야할 일은 현재의 삶을 개선하는 게 아니다. 심리적 충족의 기준이 되는 지향 수치를 재정립하는 것이다.

 만족, 즉 심리적 충족이 긍정적인 감정이라고 해서 양수의 일환에 불과하다고 생각해서는 안 된다. 엄밀히 따지면 양수에 속한다고 여길 수도 있지만, 표면적인 양수의 범주를 벗어나는 행복의 근원이기 때문에 여타 양수와 동등한 위치에 있다고 볼 수 없다. 만족은 양수를 행복으로 완성시킨다는 점에서 다른 양수와는 큰 차별점을 갖는다. 이와 마찬가지로 불만족도 단순한 음수가 아니다. 심리적 결핍은 음수를 불행으로 만드는 원인이기 때문이다.

#11 양수를 행복으로

"심리적 충족이 물질적 충족보다 중요한가요?"

"무엇이 더 중요하다고 단정지을 수는 없어요. 물질적 충족 없이는 심리적 충족을 얻을 수 없고, 심리적 충족 없이는 행복을 느낄 수 없으니까요. 둘 중 하나라도 갖춰지지 않으면 행복에 닿을 수 없어요."

"물질적 충족이 심리적 충족의 조건인 셈이네요. 그런데 심리적 충족을 얻으려면 지향 수치를 낮춰야 하잖아요. 그게 가능한가요?"

"쉽지는 않지만 가능해요. 지향 수치를 낮추기 위해서는 무조건적으로 높은 물질적 수치를 지향하는 가치관부터 청산해야 돼요."

최고점 지향

최고점 지향이란 '무조건적으로 더 높은 지점을 지향하는 것'을 의미한다. 여기서 최고점이란 '가장 높은 지점'을 뜻한다. 즉 삶의 모든 지향 요소에 대해 최고점을 지향하는 가치관을 칭할 목적으로 새롭게 정의한 개념이다.

최고점 지향 지향 요소의 가장 높은 지점을 지향하는 것

물질중심적 가치관에 의해, 사람들은 물질적 충족만으로 행복을 얻으려 한다. 이러한 행복 추구 방식은 언제나 더 높은 물질적 수치를 갈망하게 한다. 물질적 요소에 대한 최고점 지향을 조장하는 것이다. 지향 수치가 높아짐에 따라 현재 수치를 높이려는 노력에만 집중하게 된다. 이처럼 현재 수치를 높여서 행복을 얻으려는 생각은 심리적 결핍으로 이어진다. 현재 수치가 지향 수치를 넘어설 수 없는 구조이기 때문이다. 지향 수치가 무한히 높아지는 탓에 심리적 충족이 절대 불가능한 것이다.

 심리적 결핍의 원인을 다음과 같이 나열할 수 있다.

물질중심적 가치관 → 최고점 지향 → 심리적 결핍

 논리의 흐름을 정리하면 다음과 같다.

---

1. 물질중심적 가치관에 의해, 물질적 충족만으로 행복을 얻으려 한다.
2. 그로 인해 물질적 수치의 최고점을 지향하게 된다. 물질적 수치를 행복의 척도로 여긴 탓이다.

3. 이러한 최고점 지향은 심리적 결핍을 유발한다. 항상
   지향 수치가 현재 수치보다 높기 때문이다.

 이를 요약하면, 물질중심적 가치관에서 비롯된 최고점 지향이 심리적 결핍으로 이어지는 것이라고 할 수 있다.
 심리적 충족은 지향 수치보다 현재 수치가 높을 때 얻을 수 있는 만족감이다. 물질적 수치의 최고점을 지향한다면 절대 만족할 수 없다는 뜻이다. 물질적 수치를 높이면 만족감을 느끼지만 이는 오래 지속되지 않는다. 현재 수치를 높여서 지향 수치를 달성한다면 그 기쁨은 금세 사라지고 머지않아 더 높은 물질적 수치를 지향하게 된다. 손에 넣었다고 생각한 행복이 모래알처럼 손가락 사이로 빠져나가는 것이다. 이는 물질적 수치를 높여서 심리적 충족을 얻으려 한 결과다. 물질적 수치의 최고점을 지향하는 이상, 물질적으로 아무리 채운다 한들 결코 만족에는 도달할 수 없다. 일시적인 만족감과 함께 더 높은 물질적 수치에 대한 갈망을 느낄 뿐이다. 최고점 지향은 지향 수치를 절대 충족할 수 없는 구조다. 마치 자신의 꼬리를 쫓는 개처럼, 도망가는 지향 수치를 잡으려는 어리석은 행동이다. 따라서 심리적 충족을 얻기 위해서는 물질적 수치의 최고점을 지향하는 태도부터 우선적으로 개선해야 한다.

최고점 지향을 성장의 원동력이라 해석할 수 있다. 역사적으로도 인간의 욕심은 언제나 더 큰 성취로 이어졌기 때문이다. 물론 발전이라는 측면에서 일부 이점은 존재한다. 높은 지향 수치가 노력의 근거로 작용한다는 점에서 말이다. 이러한 갈망을 발전의 양분으로 삼아 더 높이, 더 멀리 나아갈 수 있다. 하지만 심리적 측면에서는 끝없는 심리적 결핍을 야기하는 적폐 가치관에 지나지 않는다.

심리적 결핍을 극복하기 위해서는 최고점 지향을 멈춰야 한다. 최고점을 지향하지 않는다는 것은, 한없이 높아지는 지향 수치를 제한한다는 뜻이다. 지향 수치를 낮추는 것이 심리적 충족을 얻는 현명한 방법이다. 단, 지향 수치를 낮추려면 근거가 필요하다. 즉 물질적 수치를 높이지 않아도 된다는 근거가 필요하다. 그 근거는 '타협점'을 설정함으로써 얻을 수 있다. 다음 파트에서는 효율을 기반으로 한 타협점에 대해 다루도록 한다.

#12 지향 수치에 제동을 걸다

"물질적 충족이 클수록 좋은 건 사실이잖아요. 항상 더 높은 물질적 수치를 추구하는 것은 당연한 일 아닌가요?"

"최고점 지향을 멈춰야 하는 이유는 명확해요. 물질적 수치를 높이는 것보다, 최고점 지향에서 비롯되는 심리적 결핍을 청산하는 게 행복에 더 큰 도움이 되거든요.

타협점 - 정의, 설정 기준

심리적 결핍의 주된 원인은 최고점 지향이다. 지향 수치가 항상 현재 수치보다 높기 때문에 심리적 결핍을 느끼는 것이다. 이를 해결하기 위해서는 타협점을 설정해야 한다.

타협점은 지향 수치에 대한 타협 지점을 의미한다. 즉 현실과 타협하여 설정한 지향 수치가 타협점에 해당한다. 이를테면 현실과 소망 사이의 합의점이다. 타협점을 지향함으로써 비현실적인 지향 수치에서 비롯되는 심리적 결핍을 극복할 수 있다.

타협점 지향 수치에 대한 타협 지점

　타협점을 설정하는 것은, 특정 수치에 타협함으로써 지나치게 높은 지향 수치를 갖지 않도록 하는 과정이다. 즉 지향 수치가 천정부지로 높아지는 것을 막기 위한 일이다. 높은 지향 수치가 심리적 결핍을 유발하기 때문에 지향 수치를 의도적으로 제한하는 것이다. 따라서 적정한 지향 수치를 설정하고 그 물질적 수치에 타협해야 한다.

타협점 설정 기준: 효율

　타협점은 효율을 기준으로 설정한다. 타협점은 주관적·객관적 효율을 고려하여 설정한 지향 수치이다. 어느 분야에 얼마만큼의 자원을 투입하는 것이 가장 효율적인지에 대한 계산을 통해 결정된다. 여기서 말하는 효율의 의미는 매우 광범위하다. 일단 효율은 '소모 대비 이익'을 뜻한다. 여기서 소모란 시간, 돈, 정신적·육체적 에너지 소모를 모두 포함한 개념이고, 이익은 그것을 통해 얻는 모든 양수를 의미한다. 즉 타협점 설정은 소모 대비 이익을 종합적으로 평가하여 수지 타산이 맞는지 판단하는 것이다. 따라서 효율을 기준으로 설정한 타협점은 현 상태에서 가장 합리적인 지향 수치라고 볼 수 있다.

  타협점을 설정하여 지향 수치를 제한한다는 개념에는 '행복 추구 수단 제한'이라는 의미도 포함된다. 행복 추구 수단이란 '행복을 목적으로 하는 삶의 모든 지향점'을 의미한다. 즉 행복 추구 수단 또한 효율을 기준으로 선택해야 한다. 소모 대비 이익을 고려하여 이상적인 행복 추구 수단인지 판단한 후에 지향 여부를 결정하는 것이다.

행복 추구 수단 행복을 목적으로 하는 삶의 모든 지향점

효율 소모 대비 이익
  └ **이익** 소모를 통해 얻는 모든 양수
    소모 소모되는 모든 자원
    자원 시간, 돈, 정신적·육체적 에너지

#13 더 명확한 근거

"타협점을 설정하면 최고점 지향을 멈출 수 있는 건가요?"
"맞아요. 다만 타협점을 설정하는 것은 지향 수치를 제한하는 일이라서, 더 높은 물질적 수치를 추구하지 않을 타당한 이유가 필요해요."
"그 이유가 뭐죠?"
"최고점을 지향하는 것은 심리적 결핍을 유발할뿐만 아니라 물질적으로도 효율이 떨어진다는 점이에요."

타협점 - 설정 근거

심리적 근거

타협점을 설정하는 첫 번째 이유는 최고점 지향을 멈춰서 심리적 결핍을 극복하기 위함이다. 타협점을 설정해서 지향 수치를 의도적으로 제한해야 한다. 적정한 타협점을 설정하면 지향 수치를 낮출 수 있고, 이를 통해 심리적 결핍을 일부 해소할 수 있다. 물질적 수치를 높여서 큰 양수를 얻는 것보다 심리적 결핍을 극복해서 음수를 줄이는 게 더 중요하다. 지향 수치를 제한함으로써 심리적 결핍을 극복하는 것은 이 때문이다.

물질적 근거

 타협점을 설정하는 두 번째 이유는 물질적 효율이다. 높은 물질적 수치를 지향하지 말아야 할 효율적 측면의 이유다. 소모 대비 이익을 평가해서 해당 물질적 요소를 지향하는 게 마땅한 일인지 판단해야 한다. 손익을 따져서 효율이 떨어진다고 판단되면 지향하지 않는 것이다.

 지향 수치를 제한하는 이유는 물질적 수치를 높일수록 효율이 떨어지기 때문이다. 물질적 수치를 높여서 얻는 양수의 크기에는 한계가 존재하고, 물질적 수치가 높아질수록 양수의 상승폭은 작아진다. 따라서 물질적 수치를 계속해서 높이는 것은 행복을 추구하는 데 있어 결코 이상적인 방법이 아니다. 이러한 사실을 바탕으로 지향 수치를 제한해야 한다. 시간, 돈, 에너지와 같은 자원은 한정되어 있기에 효율 계산을 통한 타협점 설정은 반드시 필요하다. 자원을 효율적으로 사용하기 위해서라도 타협점 설정은 필수적으로 이루어져야 한다.

 타협점을 설정하는 것은 적은 소모로 큰 이익을 얻기 위한 목적도 있다. 물질적 효율을 고려하여 삶의 수많은 지향 요소에 자원을 효과적으로 분배하기 위함이다. 따라서 한정된 자원으로 물질적 이익을 극대화하기 위해서는 효율을 기반으로 지향 수치에 대한 타협점을 설정해야 한다. 가용 자원은 한정되어 있고, 물질적 수치 또한 중요하기 때문에 자원을 효율적으로 사용하기 위한 타협점 설정이 반드시 필요하다.

타협점 설정 근거	심리적 근거	최고점 지향에서 비롯되는 심리적 결핍 극복
	물질적 근거	한정된 자원의 효율적 활용

#14 타협의 목적

"자원의 한계 때문에 타협점을 설정해야 한다면, 돈이 많은 사람에게는 해당되지 않는 내용인가요?"

"지향 수치를 제한하지 않는다면 물질적 수치를 아무리 높여도 심리적 결핍을 해결할 수는 없어요. 따라서 타협점은 반드시 필요해요."

"그렇다면 타협점을 설정하는 것은 물질적 효율보다는 심리적 결핍에서 벗어나기 위한 이유가 큰가요?"

"물론 둘 다 중요해요. 하지만 물질적 효율을 고려한 타협은 사실 가용 자원에 따라 자연스레 이루어지는 부분이에요. 타협점을 설정해서, 최고점 지향에서 비롯된 심리적 결핍을 청산하는 게 핵심이에요. 자원의 한계로 인해 더 큰 물질적 충족을 얻지 못하는 것과는 엄연히 달라요."

打協點 - 설정 분야

신리저 결퓌으로 이어질 수 있는 모든 분야에서 타협점을 설정해야 한다. 즉 삶에서 지향하는 모든 요소를 대상으로 지향 수치를 제한해야 한다.

구체적 타협점

타협점은 유동적이다. 상황이 변화하면서 효율이 바뀌면 이는 타협점에도 그대로 적용된다. 효율의 가변성이 타협점에도 영향을 미치는 것이다. 마찬가지로 행복 추구 수단 또한 상황이 변화함에 따라 얼마든지 바뀔 수 있다. 행복 추구 수단을 특정하고 타협점을 구체화한다고 해도 그 효율이 얼마나 지속될지는 모르는 일이다. 따라서 구체적인 타협점은 때로 무의미하다. 세부적인 타협점 설정에 열을 올리기보다는 타협점 설정의 근본적 목적을 분명하게 이해하는 게 중요하다.

타협점 설정의 핵심은 지향 수치를 구체화하는 게 아니라 지향 수치를 제한하는 일이다. 타협점은 특정 물질적 수치를 지향하기 위해 설정하는 게 아니라 최고점 지향을 멈추기 위해 설정하는 것이기 때문이다. 효율에 기반한 타협점은 끊임없이 변하기 때문에 타협점이라는 지향 수치에 집중해서는 안 된다. 타협점을 구체화하는 것은 행복에 큰 도움이 되지 않는다. 타협점 설정을 통한 물질적 이익보다 심리적 이익이 우선시되어야 한다. 즉 물질적 효율이 아닌 심리적 결핍 극복이라는 목적에 초점을 맞춰야 한다.

효율에 대한 타협점

효율에 대해서도 심리적 결핍이 발생한다. 지나치게 구체적인 타협점은 '효율에 대한 심리적 결핍'으로 이어질 수 있다. 이는 무조건적으로 높은 효율을 지향할 때 발생하는 심리적 결핍이다. 효율에 대한 심리적 결핍은 최소한의 소모로 최대의 이익을 봐야 한다는 생각, 즉 효율에 대한 최고점 지향에서 비롯된다. 작은 효율까지 철저히 계산하며 조금이라도 더 이득을 보기 위한 태도는 옳지 않다. 지나치게 구체적인 타협점 설정은 효율에 대한 심리적 결핍이라는 부작용을 낳을 수 있다. 물질적 효율을 극대화하려는 욕심 때문에 효율에 대한 심리적 결핍을 느껴서는 안 된다.

  타협점을 설정해서 얻는 물질적 이익은 결코 작지 않다. 하지만 과도한 물질적 효율을 지향하는 것은 소탐대실이다. 모든 물질적 요소의 효율을 계산할 필요는 없다. 작은 효율까지 계산하며 이익을 극대화하려는 노력은 행복에 악영향을 미친다. 효율에 집착하는 것은, 심리적 결핍을 극복하려는 타협점 설정의 본질적인 목적을 상실하는 일이다.

  제한된 자원을 효율적으로 사용하기 위한 노력은 반드시 필요하다. 이를 통해 양수의 총량을 높일 수 있다. 그러나 효율에 대한 심리적 결핍이 생긴다면 그 효율 계산으로 얻은 이익이 무의미해진다. 따라서 효율에 대해서도 타협점을 설정해야 한다. 주관적·객관적 상황을 종합적을 고려하여 현실적인 효율을 추구해야 한다. 효율에 대한 최고점 지향을 경계하고 적정 효율에 타협해야 한다.

경험에 기반한 타협점

  삶의 궁극적 지향점은 분명하다. 그러나 그 지향점을 실현

할 수단은 불분명하다. 이상적인 행복 추구 수단과 적정한 타협점은 효율 계산을 통해 알아낼 수 없다. 소모 대비 비익을 고려하여 지향 여부를 판단하는 데는 한계가 존재하기 때문이다. 타협점을 설정할 때에는 효율 계산과 더불어 경험이 필요하다. 효율 계산을 통해 자원의 소모량은 어느 정도 예상이 가능하지만 이익의 크기는 경험을 통해서만 알 수 있다. 관련 지식이나 유사한 경험을 토대로 대략적으로 추측하는 것이 가능할 뿐이다.

타협점을 설정할 때에는 주관적 상황이 주요하게 작용한다. 수많은 요소를 고려하면, 동일한 물질적 수치라고 해도 그 효율은 사람에 따라 큰 차이를 보인다. 주변 환경이나 가용 자원 등의 개인차가 효율에 영향을 미치는 것이다. 따라서 타협점에 대한 객관적 지표를 제시하는 것은 불가능하다. 이상적인 타협점을 제시할 수 없는 것이다. 즉 행복 추구 수단과 타협점에는 정답이 존재하지 않는다. 자신의 상황을 고려한 다른 선택이 있을 뿐이다.

#15 최고점 지향을 멈출 뿐

교수는 타협점이 하는 역할은 매우 한정적이라고 설명했다.

"타협점을 설정하는 것만으로는 심리적 결핍을 완전히 극복할 수 없어요. 타협점 설정은 중요한 일이지만 그 한계가 명확하다는 점도 알아야 해요."

타협점 - 한계

 타협점은 심리적 결핍에 대한 근본적인 해결책이 되지 못한다. 타협점 설정의 목적은 최고점 지향을 멈추기 위함이다. 한없이 높아지는 지향 수치를, 효율을 근거 삼아 제한하는 게 목적이다. 최고점 지향이 심리적 결핍의 주된 원인이기 때문에 이에 대처하는 하나의 방법인 것이다. 이는 심리적 결핍을 극복하기 위한 초기 대응이다. 즉 심리적 충족의 초석을 다지는 일에 해당한다. 이러한 방법은 지향 수치가 높아지는 것을 막아주지만, 지향 수치를 낮추는 데에는 한계가 존재한다. 물론 타협점으로 심리적 결핍을 어느 정도는 극복할 수 있다. 그러나 이는 최고점 지향에서 비롯된 심리적 결핍을 일부 해소하는 수준에 지나지 않는다. 결국 타협점을 설정하는 것만으로는 심리적 결핍을 완전히 극복할 수 없다.

 타협점을 설정하는 이유는 물질적 효율이 떨어지고 심리적 결핍을 유발하기 때문이다. 최고점 지향에서 비롯되는 이러한 문제점을 해결하기 위해 지향 수치를 제한하는 것이다. 이는 더 높은 물질적 수치를 가질 수 없는 현실과 타협한 것이기에 일종의 합리화라고도 볼 수 있다. 하지만 타협점 설정으로 얻는 효과는 확실하다. 최고점 지향에 따른 심리적 결핍을 극복하기에는 타협점을 설정하는 것만큼 좋은 방법이 없다. 타협점을 설정함으로써 심리적 결핍의 근원이 되는 최고점 지향을 멈출 수 있다. 그러나 그 이상을 기대하기는 어렵다. 타협점은 심리적 결핍 극복의 기반에 해당하는 중요한 일이지만, 현실과의 타협이자 합리화에 불과하다는 점에서 그 한계가 분명하다.
 타협점의 역할은 지향 수치의 상한선이 되는 것이다. 따라서 타협점을 설정하는 것만으로는 더 높은 물질적 수치에 대한 욕구마저 차단할 수 없다. 이러한 근원적 갈망까지 전부 청산해야만 심리적 결핍으로부터 완전히 벗어날 수 있다. 그 방법은 수치에 개의치 않는 것이다.

 심리적 결핍을 극복하는 근본적인 방법은 '수치에 개의치 않는 목적성'을 갖는 것이다. 최고점 지향을 멈추는 타협점 설정에서 한 발 더 나아간 가치관이다. 타협점은 사실상 수치에 개의치 않는 목적성을 받아들이기 위한 발판에 불과하다. 수치에 개의치 않는다는 것은 그만큼 어렵고 진보한 개념이다.
 다음 파트에서는 물질적 수치에 개의치 않음으로써 심리적 결핍을 극복하는 근본적인 방법을 제시한다. 수치에 개의치 않는다는 것은 물질적 수치와 행복의 상관관계에 대한 고정관념을 버리는 것이다. 이를 통해 기존과는 다른 방식으로 행복을 추구해야 한다.

#16 낭만적 발상

"때로는 문제의 근원을 제거하는 게 가장 분명한 해결책이 될 수 있어요. 심리적 결핍이 그렇거든요."

"심리적 결핍의 근원은 최고점 지향 아닌가요? 이건 타협점으로 해결했잖아요."

"타협점으로 타개할 수 있는 심리적 결핍은 극히 일부예요. 그리고 타협점으로는 더 높은 수치에 대한 근본적인 욕구까지 청산할 수 없어요. 심리적 결핍의 근원이 되는 지향 수치를 제거하는 게 확실한 방법이에요."

수치에 개의치 않는 목적성 - 정의

　심리적 결핍을 극복하는 방법은 두 가지가 존재한다. 첫째는 지양하는 것이다. 지양하는 요소에 대해서는 심리적 결핍을 느끼지 않기 때문이다. 둘째는 물질적 수치에 개의치 않는 것이다. 행복의 본질을 지양할 수는 없으니, 지향하되 수치에 개의치 않는 것이다.
　심리적 결핍은 지향 수치가 현재 수치보다 높을 때 느끼는 음수이다. 이는 지향 수치를 없애면 심리적 결핍을 원천 차단할 수 있다는 뜻이 된다. 수치에 개의치 않는 목적성은 이러한 발상의 전환에서 시작된다.

앞서 제시한 타협점은 지향 수치를 제한하는 역할을 했다. 그러나 수치에 개의치 않는 목적성은 그 지향 수치 자체를 없앤다는 개념이다. 심리적 결핍을 줄이는 정도가 아니라, 심리적 결핍으로부터 완전히 벗어나는 것이다. 즉 지향 수치를 없앰으로써 심리적 결핍의 원인을 제거하는 방법이다.

'수치에 개의치 않는 목적성'에서 '수치'가 의미하는 것은 물질적 수치이다. 사실 수치는 물질적 수치에 국한되는 개념이 아니다. 삶에서 지향하는 모든 요소의 질을 포괄하는 개념이다. 효율이나 감정 같은 비물질적 요소의 질적 수준 또한 수치의 범주에 포함되는 것이다. 그러나 애초에 지향 수치를 '지향하는 물질적 수치'로 정의했을 뿐만 아니라 비물질적 요소의 수치를 논할 경우가 많지 않다는 점을 고려해서 수치를 물질적 수치의 준말로 그 의미를 한정지었다. 물질적 수치가 핵심 논점이기에 이에 집중하고자 의미를 축소시킨 것이다. 표면적인 정의는 '물질적 수치'이지만 더 넓은 의미로는 '모든 지향 요소의 수준이나 정도'라는 사실을 이해하면 된다.

수치 물질적 수치 (넓은 의미로는, 모든 지향 요소의 질)

수치에 개의치 않는 목적성을 풀어서 설명하면 다음과 같다. 수치에 개의치 않는다는 것은 '물질적 수치에 개의치 않는다'는 뜻이다. 물질적 수치가 어느 정도이든 신경쓰지 않는 것을 의미한다. 그리고 목적성이란 '삶의 모든 목적성'을 의미한다. 즉 행복을 위한 모든 지향점이 목적성의 범주에 포함되는 것이다. 따라서 수치에 개의치 않는 목적성이란, 행복을 향한 목적성은 존재하지만 그 행동의 결과물인 수치에 대해서는 신경쓰지 않는 것을 의미한다. 즉 목적성은 있지만 구체적인 목표점은 존재하지 않는 것이다. 이는 지향 수치가 존재하지 않을 때 가능한 일이다. 구체적인 지향 수치를 제거해야 하기에 최고점도, 타협점도 지향하지 말아야 한다. 그래야만 목적성을 유지하면서 특정 수치나 물질적 요소를 목표로 삼지 않을 수 있다.

수치에 개의치 않는 목적성 지향하되, 지향하는 요소의
수치를 신경쓰지 않는 것

물질적 수치를 높이려는 목적은 갖되, 그 수치에 개의치 않는 것이다. 지향하지만 지향 수치를 갖지 않는 셈이다. 그러기 위해서는 물질적 수치에 개의치 않을 수 있는 근거가

필요하다. 그 근거는 다음 두 파트에 걸쳐 제시할 것이다. 지금은 이 가치관의 개념을 정확하게 이해하는 것이 중요하다. 수치에 개의치 않는 목적성은 기존 가치관과 상반되는 개념이다. 따라서 행복의 척도라고 여겼던 물질적 수치를 이제는 다른 관점으로 바라보아야 한다.

지향하지만 지향하는 요소의 수치에 개의치 않는다는 게 모순된 것처럼 느껴질 수 있다. 그래서 이 개념을 받아들이기가 쉽지 않을 수도 있다. 이 내용은 실제로 책에서 가장 어려운 부분이기도 하다. 그러나 이 난해한 논리의 이해 여부가 당신의 행복을 좌우할 것이다.

이 파트에서 제시한 논리를 정리하면 다음과 같다.

---

1. 행복은 물질적 충족과 심리적 충족으로 나뉜다.
2. 물질적 충족을 위해, 더 높은 물질적 수치를 지향한다.
3. 심리적 충족을 위해, 지향 수치를 제거한다.
4. 더 높은 물질적 수치를 지향하되 (목적성)
   지향 수치는 제거한다 (수치에 개의치 않는다).

#17 일거양득의 비밀

"지향한다는 것은 무언가를 얻기 위한 일이잖아요. 그런데 그 이익에 신경쓰지 않는다는 게 상식적으로 이해가 되지 않아요."

"목적성이 있다고 해서 구체적인 결과물을 필요로 하는 건 아니에요. 가려는 방향은 존재하지만 반드시 도달하려는 지점은 없는 것과 같아요. 예를 들면 경쟁에서 최선을 다하지만 순위에 개의치 않는 경우가 이에 해당한다고 볼 수 있어요."

수치에 개의치 않는 목적성 - 결핍

　이 파트에서 다룰 내용은 심리적 결핍이 물질적 결핍보다 큰 음수로 작용하는 경우이다. 그리고 다음 파트는 심리적 충족이 물질적 충족보다 중요하게 작용하는 상황에 대해서 다룬다. 즉 두 파트에서 제시하는 내용을 요약하면 다음과 같다.

[조건부]
　　심리적 충족 > 물질적 충족
　　심리적 결핍 > 물질적 결핍

이 내용은 수치에 개의치 않을 수 있는 근거에 해당한다. 이는 심리적 결핍을 극복하는 데 결정적인 역할을 할 것이다.

물질적 결핍은 육체적 고통을 의미한다. 질병, 허기, 피로, 더위와 추위 등 몸으로 느끼는 음수가 이에 해당한다. 즉 물질적 수치가 낮을 때 육체적으로 느끼는 음수를 뜻한다. 그리고 물질적 결핍의 반대 개념은 물질적 충족이다. 물질적 충족은 물질적 요소를 통해 얻는 양수이다. 여기서 중요한 것은, 물질적 충족은 지향 수치가 전혀 개입하지 않는 육체적 양수라는 점이다. 물질적 결핍도 마찬가지로 지향 수치가 개입하지 않는 물질적인 음수를 뜻한다.

물질적 결핍 물질적 수치가 낮을 때 육체적으로 느끼는 음수

현재 수치가 지향 수치에 미치지 못하면 물질적으로 결핍하다고 느낀다. 여기서 비롯되는 '물질적 수치에 대한 불만족'은 심리적 결핍에 해당한다. 대부분 이러한 상황에서 발생하는 음수를, 물질적 수치가 부족해서 생긴 물질적 결핍

이라고 생각한다. 하지만 실상은 지향 수치에 도달하지 못해서 발생한 심리적 결핍에 해당한다. 물질적 결핍이라 여겼던 음수가, 실제로는 물질적 결핍으로 위장한 심리적 결핍인 것이다. 즉 현재 수치가 아닌 지향 수치에서 비롯된 음수이다. 삶의 주된 음수는 지향 수치에 따른 심리적 결핍이지, 현재 수치가 부족해서 생기는 물질적 결핍이 아니다.

현대인의 주된 음수는 심리적 결핍이고, 물질적 결핍은 그보다 적은 비중을 차지한다. 심리적 결핍이 물질적 결핍보다 더 큰 경우가 일반적이다. 하지만 모든 경우에 그런 것은 아니다. 상황에 따라, 물질적 결핍이 심리적 결핍보다 큰 경우도 존재한다. 물질적 결핍도 엄연한 음수다. 실제로 많은 사람들이 물질적 결핍으로 인해 불행한 삶을 살고 있다. 물질적 충족이 행복의 일환인 것처럼, 물질적 결핍 또한 불행의 원인이 된다. 이처럼 물질적 결핍이 삶의 주된 음수에 해당하는 경우라면 당연히 물질적 변화를 도모해야 한다. 따라서 위 부등식에 [조건부]라고 기재한 것이다. 여기서 말하는 조건은, 물질적 결핍이나 물질적 충족이 극단적인 경우를 제외한다는 뜻이다.

물질적 결핍을 느낀다고 해도, 심리적 결핍의 크기를 능가하는 경우는 흔치 않다. 지나치게 결핍한 상황이 아니라면, 일반적으로 물질적 결핍보다 심리적 결핍이 더 큰 음수로 작용한다. 이러한 경우에는 심리적 결핍을 극복하기 위해 노력해야 한다. 수치에 개의치 않는 것이 그 방법이다.

 수치에 개의치 않는 가치관은 물질적 수치 감소로 이어질 가능성이 높다. 수치에 대한 집착이 줄어들수록, 물질적 수치를 위한 희생도 줄어들기 때문이다. 이로 인해 발생하는 물질적 결핍은 어느 정도 감수할 각오가 돼있어야 한다. 큰 음수를 청산하기 위해, 비교적 작은 음수를 극복하는 일은 차순위로 미루는 것이다. 그게 행복을 위해 현명한 판단이다.

 음수를 극복하려면 음수의 주체를 확실하게 파악하는 게 우선이다. 현 음수가 정말 물질적 결핍인지, 아니면 물질적 결핍이라고 착각한 심리적 결핍인지를 분명하게 구분해야 한다. 음수의 정체가 심리적 결핍이라면, 수치에 개의치 않음으로써 해결하면 된다. 이 과정에서 생기는 물질적 결핍을 걱정할 필요는 없다. 작은 음수를 대가로 큰 음수를 극복하는 일이기 때문이다. 만약 물질적 수치가 부족해서 생긴 음수라면 그 상황을 개선하기 위해 노력하면 되는 일이다.

 음수의 주된 비중을 차지하는 것은 물질적 결핍이 아닌 심리적 결핍이다. 삶에는 수많은 물질적 결핍이 존재하지만 그 음수의 크기가 심리적 결핍과 비교할 수준은 아니다. 풍요로운 세상에 살고 있는 현대인에게 물질적 결핍은 그리 큰 음수가 아니다. 기본적인 생활조차 어려울 만큼 의식주가 위협받는 상황이 아닌 이상, 물질적 결핍의 크기가 심리적 결핍을 넘어서는 경우는 드물다. 이러한 사실은 수치에 개의치 않을 수 있는 확실한 명분이 된다. 그러나 이처럼 뚜렷한 근거가 있음에도 불구하고, 심리적 충족을 위해 물질적 결핍을 일부 감수하는 것은 결코 쉽지 않다. 그 이유는 물질적 결핍이라는 음수를 과대 평가하는 경향 때문이다.

사람들은 물질적 결핍을 기피하려는 성향이 강하다. 물질적 수치가 행복에 직결된다고 생각하기 때문에 적은 수치는 불행으로 이어질 것이라 여긴다. 또한 큰 수치에서 비롯되는 양수를 과대평가한다. 물질적 충족은 행복으로 이어지는 중요한 요소이지만, 이를 행복의 척도로 여기는 것은 잘못된 해석이다. 이러한 착각은 물질중심적 가치관에서 비롯된다. 물질중심적 가치관에 의해, 물질적 수치와 행복의 크기를 동일시하기 때문이다.

수치를 높여서 물질적 결핍을 줄이면 양수가 커지는 것은 사실이다. 하지만 물질적 결핍이 행복에 악영향을 끼친다고 해서, 그 음수를 반드시 줄여야 한다고 여겨서는 안 된다. 이러한 생각은 끝없는 심리적 결핍으로 이어질 뿐이다.

물질적 충족을 지향하고 물질적 결핍을 지양하는 행복 추구 방식은 모두가 동일하게 가지고 있다. 물론 틀린 방법은 아니다. 하지만 한 가지 간과한 부분이 있다. 물질적 결핍을 최대한 줄이려는 생각만으로도 심리적 결핍을 느낀다는 점이다. 물질적 결핍을 삶에서 배제하려는 것은 물질적 충족에 대한 최고점 지향과 다를 바 없다. 따라서 물질적 결핍을 무조건적으로 배척하는 태도는 바람직하지 않다.

정도의 차이가 존재할 뿐, 물질적 결핍이 존재하지 않는 삶은 없다. 물질적 결핍을 완전히 극복하려 해서는 안 된다. 애초부터 불가능한 일이다. 이 사실을 받아들이고 물질적 결핍에 과민 반응을 보이지 말아야 한다. 물질적 결핍은 분명한 음수지만, 물질적 결핍을 최대한 줄이려는 욕심은 더 큰 음수로 이어질 뿐이다. 물질적 결핍을 무조건적으로 배척하지 않을 수만 있다면 육체적 고통에 대해서 심리적 결핍을 느끼지 않을 수 있다. 그 음수가 심리적 결핍으로 번지지 않고 물질적 결핍에 그치게 할 수 있다. 일부 상황을 제외하면 심리적 결핍이 물질적 결핍보다 더 큰 음수라는 사실을 명심해야 한다.

#18 합리적인 선택

"물질적 수치의 증감은 행복에 영향을 미치잖아요. 그런데 수치에 개의치 않는 게 맞는 일인가요?"

"수치에 개의치 않는 것은, 물질적 수치가 필요 없기 때문이 아니에요. 수치에 개의치 않음으로써 얻는 이익이 더 크기 때문에 이를 우선순위로 두는 것이에요."

수치에 개의치 않는 목적성 - 충족

　물질적 충족은 물질적 요소를 통해 얻는 양수를 의미한다. 다만 물질적 요소에서 비롯된 양수라고 해도, 지향 수치가 개입한다면 그것은 물질적 충족이 아닌 심리적 충족에 해당한다. 즉 지향 수치를 달성해서 얻은 만족감은 물질적 충족이 아닌 심리적 충족의 영역이다. 물질적 요소를 통해 얻은 이익에서 심리적 충족을 제외하고 남는 양수만이 물질적 충족인 것이다.

사람들은 물질적 충족과 심리적 충족을 혼동한다. 수치를 높이려는 모든 행동이 물질적 충족을 위한 일이라고 생각한다. 그러나 수치를 높이는 것은 사실 심리적 충족이 주된 목적이다. 물질적으로 더 채우기 위해서가 아니라, 지향 수치를 달성함으로써 심리적 충족을 얻으려는 것이다. 수치를 높여서 얻은 이익이 물질적 충족이라고 생각하지만 실제로는 지향 수치에 도달해서 얻은 심리적 충족에 해당한다. 수치를 높이는 주된 이유는 물질적 요소에 대한 만족, 즉 심리적 충족을 얻기 위함이다.

수치를 높이려는 노력이 물질적 충족과 심리적 충족 중에서 어느 것을 목적으로 하는지 따져봐야 한다. 이를 판단해서 심리적 충족을 목적으로 수치를 높이는 행동은 지양한다. 그리고 물질적 충족을 위해 수치를 높이는 것은 효율을 고려하여 타협해야 한다.

물질적 수치를 높이는 것은 물질적 충족을 목적으로 삼아야 한다. 물론 수치를 높여서 얻는 심리적 충족이 무조건 잘못되었다고 할 수는 없다. 수치를 높이면 물질적 충족과 심리적 충족은 둘 다 따라오기 때문이다. 그러나 심리적 충족을 목적으로 삼으면 안 된다. 수치를 높이려면, 물질적 충족이 주된 목적이고 심리적 충족은 부가적인 양수로서 따라오는 형태가 되어야 한다.

위 내용의 요지는 다음과 같다. 수치를 높이는 것은 심리적 충족이 아닌 물질적 충족을 목적으로 두어야 한다. 그렇다고 해서 물질적 충족을 위해 수치를 높이는 게 무조건 옳다는 뜻은 아니다. 물질적 충족은 타협의 영역이기 때문이다. 즉 물질적 충족을 위해 수치를 높이는 것은 효율을 기반으로 타협해야 하는 부분이다.

---

1. 심리적 충족을 위해 수치를 높이는 것은 지양한다
2. 물질적 충족을 위해 수치를 높이는 것은 타협한다

물질적 충족은 타협의 대상이다. 효율을 고려하여 지향 여부를 결정해야 한다. 그리고 심리적 충족을 위해 수치를 높이는 행동은 지양해야 한다. 수치를 높여서 얻은 심리적 충족은 지속되지 않기 때문이다. 그렇게 얻은 심리적 충족은 더 높은 수치를 지향함에 따라 심리적 결핍으로 바뀐다. 이는 앞서 설명한 물질적 충족의 한계에 해당한다. 짧고 강력한 심리적 충족 뒤에는 어김없이 심리적 결핍이 찾아온다. 지향 수치가 아닌 현재 수치를 조정해서 얻은 심리적 충족은 그 유효기간이 매우 짧다.

지향 수치라는 만족의 기준점을 배제하지 않는다면 이러한 악순환은 끊임없이 반복된다. 따라서 이제는 심리적 충족을 얻는 방법에 변화가 필요하다. 그 해결책이 바로 수치에 개의치 않는 것이다. 현재 수치를 높여서 심리적 충족을 얻을 게 아니라, 지향 수치를 없애서 심리적 충족을 얻어야 한다. 수치에 개의치 않음으로써 얻은 심리적 충족은 사라지지 않기 때문이다.

지향 수치를 제거한다면 물질적으로 채우지 않아도 심리적 충족을 얻을 수 있다. 이러한 사실은 수치에 개의치 않을 수 있는 핵심 근거로 작용한다. 물질적 충족을 얻기 위해서는 물질적으로 채워야 한다. 반면 심리적 충족을 얻는 것은 가치관을 바꾸는 것만으로도 가능하다. 물론 지향 수치를 없애는 방법으로는 물질적 충족을 얻지 못한다. 수치에 개의치 않는 것은 수치에 대한 심리적 결핍을 극복할 뿐이다. 그러나 수치를 높여서 얻는 양수보다, 수치를 낮추더라도 심리적 충족을 통해 얻는 만족감이 더 큰 행복으로 이어진다. 이는 물질적 충족을 일부 포기할 수 있는 근거가 된다.

수치를 높여서 행복을 얻으려는 기존의 고정관념을 깨고 새로운 방식으로 행복을 추구해야 한다. 이 방법의 유일한 걸림돌은 물질중심적 가치관이다. 결국 물질중심적 가치관을 얼마나 확실하게 청산하는지가 심리적 충족의 크기를 결정짓는다.

#19 현혹되지 말 것

"물질적 수치를 높이는 것은, 오로지 물질적 충족만을 위해 이루어져야 한다는 뜻인가요?"
"맞아요. 심리적 충족을 위해 물질적 수치를 높이는 건 근시안적인 행동이에요. 양수에 눈이 멀어 행복을 놓치는 일이니까요."

수치에 개의치 않는 목적성 - 결론

수치에 개의치 않는 목적성이 모순이라고 느낄 수 있다. 아래 두 개념이 서로 상반되는 것처럼 보이기 때문이다.

---

1. 물질적 충족을 위해, 더 높은 수치를 지향한다
2. 심리적 충족을 위해, 수치에 개의치 않는다

언뜻 보기에 이 두 개념은 양립하는 게 불가능해 보인다. 이 둘을 동시에 추구한다는 게 굉장히 모순된 것처럼 느껴지기도 한다. 이는 다른 형태의 의문으로 번진다.

---

1. 수치를 높이는 것은 행복에 도움이 된다
2. 행복을 위해서는 수치에 개의치 않아야 한다

물질적 수치에 따라 행복이 증감한다. 따라서 수치에 개의치 말라는 주장은 앞뒤가 맞지 않는 것처럼 보인다. 수치는 행복에 영향을 미치지만 이에 신경쓰지 말라는 것과 같기 때문이다. 이는 행복이 삶의 궁극적 지향점이라는 전제를 부정하는 것처럼 보인다. 하지만 두 개념은 공생관계다. 물질적 충족을 위해 수치를 높이는 것과, 심리적 충족을 위해 수치에 개의치 않는 가치관은 충분히 공존할 수 있다. 두 양수는 서로 별개의 영역이기 때문이다.

---

1. 물질적 충족은 현재 수치에 따라 결정된다
   → 현재 수치를 높이기 위해 노력한다
2. 심리적 충족은 지향 수치에 따라 결정된다
   → 지향 수치를 제거한다. 즉 수치에 개의치 않는다

둘은 엄연히 다른 개념이다. 수치에 개의치 않는 것은 심리적 충족을 얻기 위함이다. 반면 수치를 높이는 것은 물질적 충족을 위한 일이다. 지향 수치를 없애서 음수의 근원을 차단하는 것이 심리적 결핍 극복의 원리다. 이는 수치를 높여서 얻는 물질적 충족과 무관하다. 즉 지향 수치를 제거하는 것은, 현재 수치에서 비롯된 양수와는 무관한 일이다. 수치에 따라 양수가 증감하는 것은 당연한 일이다. 수치에 개의치 않는 것과는 별개다. 따라서 수치에 개의치 않지만, 높은 수치에 따른 양수는 얻을 수 있는 것이다.

위 내용을 정리하면 다음과 같다. 수치를 높이는 것은 물질적 충족을 위한 일, 수치에 개의치 않는 것은 심리적 충족을 위한 일. 이 둘을 동시에 추구하는 것이 '수치에 개의치 않는 목적성을 갖는 일'이다.

수치에 개의치 않는 목적성은 모순이 아니다. 새로운 우선순위를 제시하는 가치관이다. 수치를 높이는 것은 행복에 도움이 되지만 심리적 결핍을 극복하는 것이 우선이다. 따라서 수치에 개의치 않음으로써 심리적 결핍을 극복하는 일에 초점을 맞추는 것이다. 물질적 충족에만 집중했던 과거를 뒤로하고 새로운 관점으로 세상을 바라보는 것이다.

수치에 개의치 않으려면 근거가 필요하다. 수치에 개의치 않을 수 있는 분명한 이유를 자각하고, 그 근거를 기반으로 지향 수치를 제거해야 한다. 앞의 두 파트에서 제시한 근거를 정리하면 다음과 같다.

수치에 개의치 않는 목적성 - 결핍

1. 물질적 결핍이라 여겼던 것들이, 실제로는 물질적 결핍으로 위장한 심리적 결핍인 경우가 대부분이다.

2. 극단적으로 결핍한 상황이 아니라면, 물질적 결핍보다 심리적 결핍이 더 큰 음수로 작용한다.

3. 물질적 결핍이라는 음수를 과대 평가한다.

4. 물질적 결핍을 최대한 줄이려는 태도가 심리적 결핍을 유발하는데 이는 물질적 결핍보다 더 큰 음수에 해당한다.

5. 물질적 결핍을 완전히 극복하는 것은 애초부터 불가능한 일이다.

수치에 개의치 않는 목적성 - 충족

1. 물질적 수치를 높이려는 노력은 대부분 물질적 충족이 아닌 심리적 충족을 주된 목적으로 삼는다.

2. 수치를 높여서 얻은 심리적 충족은 지속되지 않는다. 더 큰 수치를 원하게 되므로 오히려 심리적 결핍을 유발한다.

3. 수치가 높아질수록, 물질적 충족의 상승폭은 작아진다. ('타협점 - 설정근거' 파트에서 제시한 내용)

4. 수치를 높이지 않아도 심리적 충족을 얻을 수 있다.

5. 물질적 수치가 일정 수준을 넘어서면, 물질적 충족보다 심리적 충족이 행복에 더 큰 영향을 미친다.

효율에 개의치 않는다

 물질적 충족은 심리적 충족을 위해 일부 희생될 수 있다. 그렇다고 해서 물질적 충족의 가치를 폄하해서는 안 된다. 우선순위에서 밀릴 뿐, 물질적 충족의 크기를 높이려는 노력은 지극히 합리적이다. 다만 물질적 충족을 지향할 때에는 효율을 고려해야 한다. 제한된 자원으로 물질적 충족을 얻기 위해서는 효율 계산이 반드시 필요하다. 가능한 적은 소모로 큰 이익을 얻을 수 있는 수단을 모색하는 과정이 필요하다.

 무조건적으로 높은 효율을 지향하면 이 또한 심리적 결핍으로 이어진다. 지향하는 효율에 도달하지 못했을 경우, 효율에 대한 심리적 결핍을 느끼게 된다. 따라서 '효율에 개의치 않는 효율 지향'을 통해 효율에 대한 심리적 결핍도 극복하고, 물질적 이익도 취해야 한다. 이는 '효율에 대한 타협점 설정'에서 진화한 가치관이다. 물질적 충족을 위해 효율을 고려하되, 심리적 결핍을 막기 위해 효율에 개의치 않아야 한다. 효율에 대해 심리적 결핍을 느낀다면, 효율 계산을 통한 물질적 이익보다 큰 심리적 결핍을 느끼게 된다.

결과에 개의치 않는다

 수치에 개의치 않는다는 것은, 결과물에 개의치 않는다는 뜻을 내포한다. 여기서 말하는 결과물이란 노력의 결과인

성과, 수입, 발전 등을 의미한다. 이러한 결과물에 대해서도 심리적 결핍이 발생하기 때문에 이에 개의치 않아야 한다. 즉 목표를 가지고 어떠한 성과나 결과물을 지향할 때에는 그 결과에 개의치 않아야 한다.

목적을 가지고 노력하되 구체적인 목표 지점을 설정하는 것은 큰 심리적 결핍으로 이어질 여지가 있다. 지향 수치를 달성한다면 심리적 결핍을 걱정할 필요가 없겠지만 일이 언제나 뜻대로 되는 것은 아니다. 노력의 결과가 가져다줄 양수도 중요하지만, 지향 수치에 도달하지 못했을 때의 심리적 결핍은 큰 좌절과 상실감을 동반한다. 큰 성과를 기대할수록 그 지향 수치를 달성할 확률은 낮아진다. 물론 어려움을 이겨내고 지향 수치를 달성한다면 물질적 이익과 더불어 짜릿한 성취감을 느끼겠지만, 달성하지 못했을 때에는 그에 상응하는 음수를 느끼게 된다. 노력의 크기가 클수록 목표치에 도달하지 못했을 때의 상실감은 배가된다. 그러나 애초부터 지향 수치를 설정하지 않는다면, 어떠한 결과와 마주하더라도 심리적 결핍을 느끼지 않을 수 있다.

결과에 개의치 않는 목적성을 가진다고 해서 행동의 본질적인 목적이 퇴색되는 것은 아니다. 노력을 게을리하는 것도 아니다. 지향 수치에 도달하지 못했을 때 마주하게 될 심리적 결핍을 사전에 차단하는 것뿐이다.

결과에 개의치 않는 것은 심리적 결핍을 극복하는 것 외에도 이점이 존재한다. 지향 과정에서 생기는, 결과물에 대한 압박감을 덜 수 있다는 점이다. 이는 결과물이 아닌 목적성에 초점을 맞추기 때문에 가능한 일이다. 실제로 결과물에 대한 압박감은 큰 음수로 작용한다. 반드시 달성해야 하는 목표가 있다면 그 것을 지향하는 과정에서 큰 심리적 부담감을 안게 된다. 하지만 이 또한 결과에 개의치 않음으로써 심리적 결핍과 함께 해결할 수 있다.

결과에 개의치 않는 게 불가능한 상황도 존재한다. 결과물에 대한 압박감과 심리적 결핍을 안고서라도 달성해야 하는 수치가 있는 경우다. 이처럼 특정 결과물이 심리적 충족보다 중요한 상황에서는 지향 수치에 초점을 맞출 수 있다. 수치에 개의치 않는 태도를 잠시 거두는 것이다. 이는 물질적 결핍이 심리적 결핍을 넘어서는 경우와 유사하다. 제한된 자원을 가지고 살아가는 이상, 반드시 필요한 부분을 채우기 위해 일시적으로 큰 희생을 하는 행동은 합리적일 수 있다. 개인의 상황에 따라 일부 허용되기도 한다. 물질적 결핍의 크기가 심리적 결핍을 넘어선다면 그 상황을 개선할 목적으로 더 큰 수치를 지향해도 된다. 그로 인해 얻어지는 행복의 총량이, 심리적 결핍을 극복하는 것보다 더 크다면 말이다. 따라서 심리적 결핍을 극복하는 것보다 수치를 높이는 게 더 중요할 때에는 한시적으로 지향 수치에 집중할 수도 있다. 심리적 결핍을 극복하는 게 무조건적으로 1순위인 것은 아니다. 심리적 결핍을 감수하더라도 반드시 필요한 수치도 있으니까. 다만 이는 한시적으로 허용되는 개념일 뿐, 이 삶을 지속하는 것은 옳지 않다. 물론 각자의 상황에 따라 예외는 있다. 하지만 심리적 결핍을 안고 살아야 하는 인생이라면 그 삶에서 행복을 기대할 수는 없다.

 수치에 개의치 않는 목적성은 결과가 아닌 과정, 즉 목적성에 초점을 맞춘다. 따라서 성과는 다소 줄어들 수밖에 없다. 물론 수치에 개의치 않는 것이 부담감을 줄여서 더 좋은 결실을 맺을 수도 있다. 하지만 일반적으로 결과물에 대한 집착이 실적으로 이어지는 것은 사실이다. 그 인과관계를 무시할 수 없다. 심리적 결핍을 무시하고 결과물에만 집중하기 때문에 당연히 더 좋은 결과를 도출해 낼 수밖에 없는 것이다. 하지만 수치를 일부 희생하더라도 심리적 충족을 취하는 게 더 현명한 판단이라는 점을 이해한다면, 더 이상 수치나 결과에 집착하지 않게 된다. 이러한 사실의 자각은 수지에 대한 욕망을 억제하는 요소로 작용한다. 지향 수치가 사라지고 결과물에 대한 욕심이 줄어든 만큼, 수치를 위한 희생은 줄어들 수밖에 없다. 따라서 수치에 개의치 않는 목적성이 물질적 수치 감소로 이어지는 것이다.
 물질적 수치가 감소했는데도 양수에 변함이 없다고 하면 그것은 거짓말이다. 조금이나마 영향을 미친다. 그저 수치의 하락에 개의치 않는 것이다. 수치 하락에 따른 물질적 손실을 신경 쓰지 않는 것이다. 그보다 큰 심리적 충족을 손에 꽉 쥐고 있기 때문이다. 행복을 취하고 있으니 작은 양수의 손실에 신경쓸 이유가 없는 것이다. 수치를 높여서 얻는 이익보다, 수치에 개의치 않음으로써 얻는 심리적 충족이 더 큰 행복으로 이어지기 때문에 수치 하락에 태연할 수 있는 것이다.

물질적 수치에 대한 고정관념을 극복하려면, 심리적 충족의 가치를 100% 이해해야 한다. 그러지 못한다면, 심리적 충족의 중요성을 아무리 강조해도 수치에 개의치 않는 목적성을 가질 수 없다. 물질적 충족도 중요하지만 심리적 충족이 우선순위가 되어야 한다. 심리적 충족이, 물질적 수치를 방어하는 것보다 중요하다는 사실을 깨달아야 한다.

물질적 충족이 몸을 채우는 일이라면 심리적 충족은 마음을 채우는 일이다. 물질적으로 채우는 것의 한계를 제시하며 마음을 채우기 위한 방법을 앞서 설명했다. 행복을 얻기 위해서는 먼저 마음을 채워야 한다. 심리적 충족이 없는 양수는 허울에 불과하다. 행복은 '삶에 대한 심리적 충족'이라서, 양수를 아무리 많이 채워도 심리적 충족 없이는 행복에 도달할 수 없다. 마음을 채우기 위해 수치에 개의치 않는 것은 그만큼 중요한 일이다.

수치에 개의치 않는 것은 단번에 가능한 일이 아니다. 한

평생 물질중심적 가치관으로 살아왔는데 이를 하루아침에 바꾸는 것은 불가능하다. 머리로는 이해하더라도, 온전히 자신의 가치관으로 자리잡게 하기 위해서는 시간이 필요하다. 타협점을 조금씩 낮춰가면서 심리적 충족의 가치를 깨달아야 한다. 이러한 노력의 최종 목적지는 수치에 개의치 않음으로써 심리적 결핍으로부터 완전히 해방되는 것이다.

 수치에 개의치 않는 것은 심리적 충족만을 목적으로 하지 않는다. 수치를 높이기 위한 노력을 줄이고, 다른 행복의 본질에 더 많은 자원을 투입하기 위한 목적도 존재한다. 이는 결과적으로 더 큰 행복으로 이어진다. 수치를 대가로 더 큰 행복을 추구할 수 있다는 점이 수치에 개의치 않을 수 있는 또 하나의 근거다. 이 행복의 본질에 대한 내용은 다음 파트에서 자세히 다룬다.

#20 선택과 집중

"삶의 모든 요소에서 심리적 결핍을 극복하면, 더 이상 아무것도 원하지 않는 건가요?"

"심리적 충족은 더 이상 무언가를 바라지 않는다는 뜻이 아니에요. 지향하지만 그것을 얻지 못하더라도 상관없는 상태를 의미해요."

교수가 내게 물었다.

"가진 것에 이미 만족했다면 더 높은 수치는 필요 없을 것이라고 생각한 거죠?"

"네."

"물질적 수치를 높이는 것이 행복에 도움을 준다는 사실도 간과해서는 안 돼요. 물질적 충족은 양수이기 때문에 결코 도외시할 수 없어요."

"그러면 항상 더 높은 수치를 지향한다는 건데, 그러면 결국 제자리걸음 아닌가요?"

"심리적 충족 이후에 더 높은 물질적 수치를 지향하는 것은 선택의 영역이에요. 물질적 수치를 높이는 것보다 우선시되는 요소가 있거든요. 그것을 지향하고도 남는 자원이 있을 때 물질적 수치를 높이는 게 올바른 수순이에요."

행복의 본질

　행복은 물질적 충족과 심리적 충족으로 나뉜다. 심리적 충족은 지향 요소에 대한 만족을 뜻한다. 그리고 물질적 충족은 지향 수치가 개입하지 않은 육체적 양수를 의미한다.
　물질적 충족에는 두 가지 유형이 존재한다. 유희와 욕구충족이다. 유희는 행동에서 비롯되는 즐거운 감정을 의미한다. 재미있거나 유쾌하거나 신나는 감정이 이에 해당한다. 그리고 욕구충족은 오감에 기반한 감각적 양수를 의미한다.

시각, 촉각, 미각, 청각, 후각을 통해 느끼는 양수는 전부 욕구충족에 속한다.

앞으로 설명할 것은 이 두 가지 물질적 충족에 대한 내용이다. 심리적 충족에 대한 설명은 이미 마쳤다. 이제는 물질적 충족에 대해 분명하게 이해해야 한다. 단순히 수치를 높이는 것은 올바른 물질적 충족의 형태가 아니다. 유희와 욕구충족에 대한 이해를 바탕으로 어떠한 물질적 충족에 얼마만큼의 자원을 할애할 것인지를 판단해야 한다.

행복의 본질 (1/2)

1. 물질적 충족
   (1) 욕구충족
   (2) 유희
2. 심리적 충족

욕구충족 오감을 통해 느끼는 육체적 양수
유희 행동에서 비롯되는 즐거운 감정

#21 물질적 충족의 우선순위

"심리적 충족을 얻는다면 행복의 조건은 모두 갖춰진 것 아닌가요?"

"지금은 물질적 충족이 '물질적 요소를 통해 얻는 양수'라는 추상적인 개념에 불과하잖아요? 이 양수를 구체화하고, 어떤 물질적 충족에 집중할지 판단해야 돼요."

유희

유희는 행동에서 얻어지고, 행동은 물질적 요소를 통해 이루어진다. 물질적 요소를 통해 얻는 양수이기 때문에 유희는 물질적 충족으로 분류된다. 엄연히 따지면 심리적 충족도 물질적 요소를 통해 얻는 양수라고 해석할 수 있다. 하지만 심리적 충족은 지향 수치라는 기준점을 통해 얻는 만족감을 의미한다. 즉 지향 수치가 전혀 개입하지 않는 유희는 심리적 충족이 아닌 물질적 충족에 해당한다.

물질적 충족은 행복의 본질에 해당하지만 심리적 충족이 없다면 그 양수만으로는 행복에 도달할 수 없다. 다만 이는 욕구충족에 한정되는 내용이다. 유희는 물질적 충족에 속하지만 심리적 충족 없이도 행복에 직접적으로 관여한다. 그만큼 유희는 매우 중요한 양수이고 그에 따라 삶의 주된 지향점이 되어야 한다.

유희의 크기는 유희 성향과 유희 증감 요소에 따라 결정된다. 이 두 가지 조건을 충족한다면 유희를 얻는 것은 그리 어렵지 않다.

유희 성향

유희를 얻기 위해 알아야 하는 첫 번째 개념은 유희 성향이다. 유희 성향은 '유희를 느끼는 개인의 성향'을 의미한다. 여럿이서 같은 행동을 하더라도 각자 느끼는 유희의 크기에는 차이가 존재한다. 개인의 성격과 성향 등 다양한 원인으로 각자 느끼는 유희에 차이가 발생하는데 이는 유희 성향이 다르기 때문이다.

유희 성향 유희를 느끼는 개인의 성향
유희 요소 유희를 느끼게 하는 요소
유희 추구 수단 유희를 얻기 위한 수단

유희 성향은 경험을 통해서만 찾을 수 있다. 유희 성향은 주관적인 양수 기준이기 때문에 스스로 찾아야 한다. 자신에게 맞는 유희 요소를 찾기 위해서는 경험을 통해 유희의 크기를 가늠하는 과정이 필요하다.

유희 성향을 파악하고 그것을 기반으로 유희 추구 수단을 찾으려는 방식에는 한계가 존재한다. 유희 요소는 무수히 많아서 그 모두를 고려할 수는 없기 때문이다. 비슷한 유희 추구 수단이고 실제로 공통점이 많다고 해도 그 안에 있는 유희 요소에는 조금씩 차이가 있다. 유희 성향을 특정하고 이를 통해 자신에게 맞는 유희 추구 수단을 알아내려는 방식은 추상적인 값을 제시할 뿐이다. 유희에 대한 확신을 얻기 위해서는 해당 유희 추구 수단을 직접 경험해 보는 수밖에 없다. 경험을 통해 본인의 유희 성향에 맞는 유희 추구 수단을 찾아야 한다.

유희 성향을 근거로 유희 추구 수단을 모색하려는 생각이 무조건 잘못된 것은 아니다. 다만 그 한계가 명확할 뿐이다. 이를테면 소설을 쓸 때 큰 유희를 느낀다고 해서 글쓰기를 자신의 유희 성향으로 특정 짓고 논문이나 시를 쓸 때에도 동일한 유희를 얻을 것이라 추측하는 것과 같다. 같은 범주에 속한다고 해서 유희의 크기마저 같지는 않다. 유희 추구 수단의 미세한 차이가 큰 유희 차이로 이어지기 때문이다. 구체적인 계산을 통해 추론의 오차를 줄일 수는 있겠지만 정확한 값을 얻는 것은 불가능하다. 유희에서 경험의 중요성을 제시한 이유는 이 때문이다. 짧고 한정적인 경험이라 할지라도 추측보다는 유희에 대한 정확도가 높을 수밖에 없다.

유희 증감 요소

 유희 증감 요소는 말 그대로 유희를 증감시키는 요소를 의미한다. 유희 증감 요소는 때로 유희 성향보다 더 큰 영향력을 행사한다. 유희 성향이 아무리 완벽하게 들어맞아도 유희 증감 요소가 그것을 음수로 만들어 버릴 수도 있는 것이다. 이러한 유희 증감 요소는 수없이 많아서 전부 설명할 수 없다. 따라서 주된 유희 증감 요소 두 가지만 다룬다. 대표적인 유희 증감 요소에는 인간관계와 가용 에너지가 있다.

유희 증감 요소 유희를 증감시키는 요소. 인간관계와 가용 에너지가 이에 속한다

유희 증감 요소 - 인간관계

 첫 번째 유희 증감 요소는 인간관계다. 인간관계는 양날의 검이다. 인간관계는 큰 유희를 부여할 수 있지만, 지독한 음

수로 작용할 수도 있다. 즉 강력한 유희 요소가 되기도 하지만 그 반대의 경우도 존재하는 것이다. 대상에 따라 유희가 증가할 수도, 감소할 수도 있기 때문에 유희 증감 요소에 속한다.

이러한 차이는 대상에 따라 결정된다. 대상과의 관계, 대상의 성격, 행동의 목적성, 유희 성향의 일치 여부 등 다양한 요소가 종합적으로 작용하여 유희가 증가하거나 감소하게 된다. 인간관계가 유희를 더하기 위해서는 행동의 목적성이 일치해야 한다. 행동을 함께하는 대상과의 목적이 같아야 한다. 그리고 그 과정에서 서로가 지향하는 바 또한 같아야 한다. 그렇지 않으면 마찰이 빚어질 수밖에 없다. 그리고 누군가와 함께 유희를 추구한다면 대상과의 유희 성향 일치 여부도 매우 중요하다. 동일한 유희 추구 수단으로 둘 다 유희를 얻기 위해서는 서로가 지향하는 유희 추구 수단이나 방식이 일치해야 한다. 그렇지 않으면 어느 한쪽에게는 그 인간관계가 유희를 저해하는 요소로 작용하게 된다.

유희 증감 요소 - 가용 에너지

두 번째 유희 증감 요소는 가용 에너지다. 가용 에너지란 '본인이 사용할 수 있는 정신적·육체적 에너지의 총량'을 의미한다. 유희를 추구할 때에는 크고 작은 에너지 소모가 발생한다. 유희 추구는 에너지를 필요로 하는데 이는 가용 에너지 내에서 사용되어야 한다. 가용 에너지를 초과하게 되면 이는 음수로 작용해서 유희가 큰 폭으로 감소하게 된다.

가용 에너지 사용할 수 있는 정신적·육체적 에너지의 총량

유희를 추구하는 과정에서 자신의 가용 에너지가 한계로 작용하기도 한다. 일에서 유희를 느끼기 어려운 이유도 이 때문이다. 노동은 상대적으로 많은 에너지를 필요로 하기에 가용 에너지를 초과하는 경우가 많다. 유희 성향과 맞는 일이라고 해도, 가용 에너지를 넘어서게 되면 유희가 크게 감소하는 것은 피할 수 없다.

자신의 정신적·육체적 에너지의 총량은 유희가 감소하는 폭을 기준으로 가늠할 수 있다. 유희가 줄어드는 것은 가용 에너지 고갈에 따른 현상이기 때문이다. 단순히 육체적으로 할 수 있다고 해서 그것을 본인의 가용 에너지라고 판단해서는 안 된다. 가용 에너지 내에서의 행동은 유희 증감에 별다른 영향을 주지 않는다. 하지만 가용 에너지를 넘어서면 유희가 큰 폭으로 감소하기 시작한다. 즉 유희가 줄어드는 것을 기준 삼아 가용 에너지의 총량을 추측할 수 있다. 자신의 가용 에너지를 알아야, 이를 고려하여 유희 추구 수단을

설계할 수 있다.

 욕구충족은 수치를 높여서 큰 양수를 얻는 게 가능하다. 욕구충족의 크기는 소비와 비례하기 때문이다. 하지만 이는 욕구충족에만 해당된다. 수치를 높이는 것은 유희의 크기를 높이는 데 별다른 도움이 되지 않는다. 큰 소비로 얻은 유희는 지속되지 않는다. 또한 큰 소비로 유희의 크기를 높이는 방법은 매우 제한적이다. 즉 수치를 높이는 것은 유희에 일부 도움을 줄 수 있지만, 유희의 크기를 좌우하는 결정적인 역할을 할 수는 없다. 유희의 크기를 높이기 위해서는 유희 성향에 맞는 유희 추구 수단을 확보하고 유희 증감 요소를 고려해야 한다. 유희의 크기는 수치가 아닌 유희 성향과 유희 증감 요소가 결정짓기 때문이다.
 굳이 큰 소비로 유희의 크기를 높이려고 한다면, 방법은 크게 두 가지가 있다. 첫째는 큰 소비를 요구하는 유희 추구 수단을 지향하는 것이다. 유희 추구 수단을 선택할 때에는 자원상 제약이 존재하는데, 큰 소비를 통해 이러한 제약을 일부 극복하며 새로운 유희 추구 수단을 택할 수 있다. 그러나 이러한 방법으로 높인 유희의 크기는 결코 지속되지 않는다. 수치를 높이는 것은 유희 추구 수단 선택의 폭을 넓혀주는 것이지, 큰 소비가 유희 성향을 찾아주는 건 아니기 때문이다. 많은 돈을 소비하는 것은 유희에 단기적으로는 효과가 있지만 지속성은 없다. 새로운 유희 추구 수단을 지향함에 따른 일시적 유희 증가에 불과하다. 새롭고 신선한 유희 추구 수단은 큰 유희로 이어지지만, 유희 성향과 맞지 않는다면 그 유희는 금세 사라진다.

둘째는 큰 소비로 유희 추구 수단을 설계하는 것이다. 수많은 유희 요소를 자신의 유희 성향에 맞도록 조정함으로써 이상적인 유희 추구 수단을 구축하는 것이다. 돈을 매개체로 맺어진 관계를 제외한다면, 인간관계는 돈으로 살 수 없다. 그러나 가용 에너지와 같은 유희 증감 요소나 수많은 유희 요소에 대해서는 적극적으로 개입하여 조절할 수 있다. 이는 돈을 얼마나 잘 활용하는지에 달려있다. 수치를 높여서 큰 유희를 얻는 것은 이러한 방법으로 어느 정도 가능하다. 하지만 유희 추구 수단을 자신에게 맞도록 설계한다고 해서 그게 큰 유희를 보장하는 것은 아니다. 유희의 크기를 결정짓는 것은 완벽하게 설계된 유희 추구 수단이 아니라, 자신의 유희 성향과 일치하는 유희 추구 수단이다. 따라서 큰 소비를 통해 유희의 크기를 높이려는 생각은 결코 바람직하지 않다.

돈은 유희 추구 수단 선택의 폭을 넓혀주고 유희 요소를 조정할 수 있도록 도와준다. 활용하기에 따라 돈이 유희에 큰 도움이 될 수 있는 것은 사실이다. 하지만 그보다 중요한 것은 결국 유희 성향과의 일치 여부다. 근본적으로 자신의 유희 성향을 파악하지 못한다면 이러한 노력은 아무런 의미가 없다. 또한 수치를 높여서 큰 유희를 얻으려는 생각은 유희 추구 수단에 대한 심리적 결핍으로도 이어질 수 있다.

행복의 본질 (2/2)

1. 물질적 충족
　(1) 욕구충족
　(2) 유희
　　[1] 유희 성향
　　[2] 유희 증감 요소
　　　└ 인간관계, 가용 에너지 등
2. 심리적 충족

#22 유희의 본질

"돈은 유희에 큰 도움이 되지 않는다는 뜻인가요?"
 "근본적으로, 유희의 크기를 결정짓는 것은 유희 성향이에요. 즉 선택지가 많다고 해서, 유희 추구 수단을 설계한다고 해서 그게 큰 유희로 이어지는 건 아니에요. 유희를 위해 가장 필요한 것은 유희 성향에 맞는 유희 추구 수단이니까요. 돈은 유희 추구에 필요한 자원으로 사용될 뿐이에요."

욕구충족

　욕구충족은 오감에 기반한 감각적 양수를 의미한다. 욕구충족은 인간의 가장 근본적인 행복 추구 방식이다. 감각기관인 눈, 코, 입, 귀, 피부를 통해 느끼는 일차원적인 양수다. 욕구충족은 원초적이고 강력한 양수다.

　사람들은 물질중심적 가치관에 의해 물질적 수치를 높이려 한다. 그리고 높은 수치를 지향함에 따라 심리적 결핍을 느끼게 된다. 그 심리적 결핍을 극복하기 위해 타협점을 설정하고 수치에 개의치 않는 목적성을 갖는다. 이게 심리적 충족에 대한 내용의 전체적인 흐름이다.

 물질적 수치를 높이는 것은 물질적 충족의 크기를 높이기 위함이다. 그리고 물질적 충족에는 유희와 욕구충족이 속한다. 따라서 물질적 수치를 높이는 것은, 유희의 크기 혹은 욕구충족의 크기를 높이려는 노력에 해당한다. 그런데 수치를 높이는 것은 유희에 큰 도움이 되지 않는다. 유희의 크기는 물질적 수치가 아니라 유희 성향과 유희 증감 요소에 의해 결정되기 때문이다. 수치가 유희에 도움이 될 수 있는 것은 사실이지만, 유희 성향이 미치는 영향력에 비하면 터무니없이 작은 수준이다. 수치는 유희 추구 수단에 개입할 뿐이다. 높은 수치가 큰 유희로 이어지는 경우는 거의 존재하지 않는다. 따라서 물질적 수치를 높이는 것은 유희가 아닌 욕구충족을 목적으로 한다. 결국 물질중심적 가치관은 욕구충족의 크기를 높여서 행복을 얻으려는 가치관에 해당한다.

 더 큰 욕구충족을 위해 물질적 수치를 높이는 것은 행복에 도움이 되지만 주의할 점이 있다. 이는 앞서 타협점 파트에서 설명한 내용과 같다. 물질적 수치를 높여서 행복을 얻으려는 물질중심적 가치관은 최고점 지향으로 이어진다. 그리고 최고점 지향은 심리적 결핍의 근원으로 작용한다. 최고점 지향을 청산하기 위한 타협점 설정. 나아가 수치에 개의치 않는 것. 이 모든 내용은 심리적 결핍을 극복하기 위한 일이었다. 이는 욕구충족에도 그대로 적용된다. 타협점을 설정하여 욕구충족에 대한 최고점 지향을 멈춰야 한다. 더 큰 욕구충족을 지향하되 욕구충족의 크기에 개의치 않아야 한다. 욕구충족이 행복의 본질인 물질적 충족에 속하지만 그보다 중요한 심리적 충족을 위해서는 타협점 설정과 수치에 개의치 않는 목적성이 필요하다. 욕구충족의 크기를 높여서 행복을 얻는 방식을 부정하는 게 아니라 그 과정에서 생기는 심리적 결핍과 저효율을 경계하는 것이다.

더 큰 욕구충족을 지향하는 것은 심리적 결핍을 유발할 뿐만 아니라 물질적으로도 효율이 떨어진다. 욕구충족은 기본적으로 타협 대상이다. 따라서 욕구충족을 위한 소비에서는 소모 대비 이익을 반드시 고려해야 한다. 제한된 자원을 잘 활용하여 효율적인 소비를 해야 한다.

물질적 수치와 욕구충족의 크기는 비례한다. 그러나 문제는 욕구충족의 크기를 높일수록 물질적 효율이 낮아진다는 점이다. 자원을 투입한 만큼의 양수로 되돌아오지 않는 것이다. 소모한 자원과 욕구충족의 크기는 정비례하지 않는다. 물질적 수치가 낮을 때에는 적은 자원으로도 욕구충족을 크게 높일 수 있다. 하지만 물질적 수치가 높아질수록 욕구충족의 크기가 증가하는 폭은 크게 줄어든다. 이러한 물질적 효율 때문이라도 욕구충족에 대한 타협점을 설정해야 한다. 나아가, 욕구충족에 개의치 않음으로써 심리적 결핍을 극복해야 한다.

욕구결핍

 욕구결핍은 욕구를 충족하지 못해서 생기는 음수를 의미한다. 즉 욕구결핍은 욕구충족의 반대 개념이다. 욕구충족은 양수이고 욕구결핍은 음수이다. 욕구충족은 물질적 충족에 속하고, 욕구결핍은 물질적 결핍에 해당한다.

> **욕구결핍** 욕구를 충족하지 못할 때 느끼는 음수.
> 욕구충족의 반대 개념

 욕구결핍은 욕구충족의 크기를 높이는 데 기여한다. 이를 활용한다면 수치를 높이기 위한 소비 없이도 큰 욕구충족을 얻을 수 있다. 이는 수치에 개의치 않을 수 있는 또 하나의 근거로 작용한다.

 유희는 욕구결핍을 줄이는 역할을 한다. 유희의 크기가 클수록 욕구결핍을 잘 느끼지 못하는 것이다. 유희 추구 과정에서 욕구결핍은 자연스레 이루어지므로 이를 욕구충족의 크기를 높이는 데 활용해야 한다. 유희가 욕구충족을 감쇄하는 특성을 이용하는 것이다. 그런데 이는 유희와 욕구충족에 국한되는 현상이 아니다. 모든 양수는 음수를 일부 상쇄하는 역할을 한다. 양수의 크기가 클수록 더 강력한 음수에 대항할 힘을 갖는다. 흥미로운 일에 몰두했을 때에는 허기나 피로를 잘 느끼지 못하는 것이 그 예이다. 하지만 의도적으로 욕구를 결핍하는 것은 바람직하지 않다. 욕구충족의 크기를 높인다고 해도 결핍의 음수를 고려하면 결국 제자리걸음이기 때문이다. 즉 일부러 욕구결핍을 도모하는 게 아니라, 무의식적으로 이루어지는 욕구결핍을 활용하는 것이다.

이성관계

이성관계는 특별한 인간관계다. 이성관계와 다른 인간관계의 차이점은, 이성관계는 욕구충족 수단으로서 추구된다는 점이다. 이성관계가 행복 추구 수단이라는 점에서는 다른 인간관계와 동일하다. 행복 추구 수단이라는 틀에서는 같지만, 그 인간관계를 통해 양수를 얻는 방식은 완전히 다르다. 유희나 물질적 이익 등을 위해 추구되는 다른 인간관계와 달리, 이성관계는 욕구충족의 목적성이 강하다. 이성관계를 추구하는 데에는 여러 이유가 존재하겠지만, 무엇보다 욕구충족이 주된 목적으로 작용한다. 욕구충족이라는 목적이 더해지면서 다른 인간관계와 차별점을 갖는 것이다.

이성관계를 통한 욕구충족은 단순히 육체적 양수만을 뜻하는 게 아니다. 이성 관계에서만 느낄 수 있는 설레고 일렁거리는 마음을 포함하는 개념이다. 성욕에 기반한 감정이기 때문에 이 또한 욕구충족의 범주에 속한다. 즉 욕구충족의 대상이 되는 이성에게서만 느끼는 감정이기에 이를 욕구충족으로 분류하는 것이다.

　사람들은 이성관계에서 비롯되는 색다른 감정에 지나친 의미를 부여한다. 사랑이라는 표현으로 그 가치를 과대평가한다. 이성관계에서 얻는 양수에 갖가지 의미를 부여해도, 욕구충족이라는 사실은 변하지 않는다. 이는 사회적 통념에 기인한 문제다. 과도한 해석에 따른 편협한 사고에 불과하다. 이성관계는 행복 추구 수단의 일환이다. 이성관계를 사회적 통념대로 가치 판단하지 말고 행복을 추구하는 수단 중 하나로 받아들여야 한다. 이성 간 사랑은 결국 욕구충족이라는 양수에 해당한다. 이성관계를 무조건적으로 지향하는 태도는 심리적 결핍으로 이어질 뿐이다. 행복을 추구하는 방법으로서 이성관계가 반드시 필요하다는 비좁은 사고에서 벗어나야 한다. 더불어 정형화된 삶의 방향성을 경계해야 한다.

　이성관계에서, 다른 인간관계에서는 느끼지 못했던 특별한 감정이 일어나면 대상과 그 관계를 각별하게 여기게 된다. 하지만 그 감정이 욕구충족의 일환이라는 사실을 명심해야 한다. 이성관계에서 느끼는 감정을 결코 하찮게 여기는 게 아니다. 욕구충족은 행복의 본질에 해당하는 중요한 양수이다. 하지만 이성관계에서 느끼는 양수에 지나친 가치를 부여한다면 이는 비이성적인 판단으로 이어질 우려가 있다.

이성관계에서 느끼는 강렬한 감정은 지속되지 않고 시간이 지날수록 줄어든다. 욕구충족이라는 강력한 양수에 의해 이어진 관계는 그 감정이 사그라듦에 따라 대상을 향한 마음이 처음과는 달라질 수밖에 없다. 이성 관계에서 비롯된 흥분과 설렘이 지속되기를 바라는 것은 마치 손에 쥔 얼음이 녹지 않기를 바라는 것과 같다. 욕구 충족에 해당하는 감정이 전부 녹아서 사라지고 나면, 결국 다른 인간관계와 동일한 양수만이 남게 된다. 그 양수의 크기를 기본값으로 상정해야 한다. 이성을 향한 감정이 지속되지 않는 것은 시간이 지나면서 마주하게 되는 당연한 결과다. 이는 애초부터 예정된 일이었다. 이성과의 관계를 지속시키는 힘은 욕구충족이 아니라 욕구충족을 제외한 양수다. 즉 욕구충족을 배제하고 남는 양수를 이성관계의 연결고리로 보아야 한다. 따라서 이성관계의 목적을 달리해야 한다. 한시적인 감정이 아니라 지속되는 양수를 이성 관계 지향 기준으로 삼아야 한다. 이 사실을 바탕으로 이성관계에 대한 맹목적 지향을 멈추고, 일종의 행복 추구 수단으로서 지향 여부를 올바르게 판단할 수 있어야 한다.

　이성관계를 행복 추구 수단으로 여기고 지향 여부를 냉정하게 판단해야 한다. 그러면 이성관계는 선택의 영역이 된다. 즉 효율을 기반으로 지향 여부를 결정하는 타협 대상이 되는 것이다. 이성관계가 이상적인 행복 추구 수단이라는 고정관념을 버리고, 효율을 고려하여 지향 여부를 결정하려는 생각을 가져야 한다. 효율을 고려하는 것은 이성관계의 소모 대비 이익을 평가한다는 뜻이다. 이성관계로 얻는 욕구충족과 기타 양수를 이익으로 두고, 이성관계를 위한 모든 시간, 돈, 정신적·육체적 에너지를 소모로 둔다. 그리고 손익을 따져서 지향 여부를 결정한다.

　위 내용은 이성관계에 한정된 설명이 아니다. 효율을 고려하여 지향 여부를 결정하는 과정은 모든 인간관계에서 동일하게 진행된다. 원래 사람들은 자신의 행복에 도움이 되는지를 판단하여 인간관계 지향 여부를 결정한다. 이러한 판단과 그에 따른 행동이 자연스레 이루어져서 자각하지 못할 뿐, 실제로 모두가 효율 계산과 판단을 거듭하고 있으며 이 판단을 통해 인간관계를 결정한다. 오히려 손익을 따지지 않고 행복에 도움이 되지 않는 인간관계를 붙들고 있는 것이 더 잘못된 일이다.

　자신의 성공을 위해 수단과 방법을 가리지 않는 게 소시오

패스라면, 이처럼 자신의 행복을 위해 인간관계마저 효율을 따지는 것은 '행복의 소시오패스'라고 생각할 수 있다. 이러한 태도가 반사회적이고 지나치게 계산적이라고 여길 수도 있다. 그러나 자신의 행복을 극대화하기 위한 계산은 불가피하다. 제한된 자원으로 행복을 도모하기 위해서는 효율 계산이 반드시 필요하고, 인간관계도 예외가 아니다. 그러나 이를 잘못 해석해서 타인을 자신의 행복을 위한 도구로 여겨서는 안 된다. 남을 이용하는 게 아니라 인간관계 지향 여부를 판단하는 것이다. 결국 앞서 제시한 내용의 핵심은, 인간관계는 효율에 기반한 선택의 영역이라는 점이다. 소중한 자원을 헛되이 소비하지 않도록 인간관계를 지향할 때에는 신중하게 결정해야 한다.

#23 애써 외면한 사실

"아무리 그래도, 인간관계에서 손익을 따진다는 점이 너무 안 좋게 느껴져요."

"인간관계는 행복 추구 수단이고, 모든 행복 추구 수단은 효율 계산을 통해 지향 여부를 결정해요. 의식하지 않았을 뿐, 모든 인간관계는 효율 계산을 통해 선택된 것이에요. 자신의 행복에 도움이 될 때에만 그 인간관계를 유지하니까요. 아무리 부정해도 이 사실은 변하지 않아요."

발전

발전은 '미래의 행복을 위한 노력'을 의미한다. 발전은 미래를 위해 현재의 양수를 일부 포기하는 형태가 일반적이다. 그리고 발전의 결과물은 '발전으로 이루어 낸 모든 성과'를 의미한다. 노력의 결실인 자격, 지식, 역량, 기술, 돈 등이 모두 이에 해당한다. 발전의 결과물은 희생의 근거다. 음수를 감수하더라도 그 행동을 지속해야 하는 이유로 작용한다. 발전의 결과물을 향한 갈망은 행동에 강제성을 부여하고 이는 성장의 밑거름이 된다.

  발전은 실용성을 갖춰야 한다. 해당 발전이 내 행복에 실질적으로 도움이 되어야 의미가 있다. 무조건적으로 발전을 지향하는 것은 잘못됐다. 발전에는 분명한 목적성이 있어야 한다. 자신에게 어떠한 요소가 부족한지를 명확히 하고 그 부분을 발전시키는 데 집중해야 한다. 행복을 위해 필요한 게 무엇인지 정확하게 파악해야 올바른 발전을 도모할 수 있다.

발전 미래의 행복을 위한 노력
발전의 결과물 발전을 통해 얻은 모든 성과

  발전은 결과물을 지향하는 일이기 때문에 심리적 결핍으로 이어질 가능성이 높다. 결과에 초점을 맞추면 결과물에 대한 압박감과 심리적 결핍을 피할 수 없다. 이를 방지하려면 발전을 지향하되 발전의 결과물에 개의치 않아야 한다. 물론 발전에 따른 성과는 중요하다. 하지만 노력에 상응하는 결과물이 반드시 뒤따르기를 바라서는 안 된다. 이는 심리적 결핍과 결과물에 대한 집착을 부추길 뿐이다.

발전과 유희

 발전은 유희 요소가 아니기 때문에 어떠한 행동에 유희를 부여하지는 못한다. 유희는 현재를 위한 일이고 발전은 미래를 위한 일이다. 행복이라는 목적은 동일하지만 행복의 발현 시점이 다르다. 따라서 발전은 현재의 행복에 도움을 주지 못한다. 발전은 미래를 위한 희생이기에 행동의 근거로 작용할 뿐이다.

 발전은 오히려 유희에 악영향을 미친다. 발전은 행동에 크고 작은 제약을 가하는데 이는 유희를 저해하는 요소로 작용한다. 유희만을 목적으로 하는 행동에는 아무런 조건이 없다. 하지만 발전이라는 목적이 더해지면 행동에 방향성이 생긴다. 현재를 위한 행동에 결과물까지 요구하는 것이다. 물론 결과에 개의치 않는 목적성을 갖는다면 심리적 결핍은 문제가 되지 않는다. 하지만 발전 과정에서 생기는 행동의 제약은 유희를 방해하는 일종의 억제제가 된다.

 유희를 추구하는 행동에서 결과물까지 얻으려는 생각은 지나친 발전 지향으로 이어질 수 있다. 발전에 따른 제약이 유희를 저해한다는 점을 고려하면, 과도한 발전은 행복에 걸림돌이 될 수 있다. 미래를 위한 노력이 더해질수록 현재의 양수가 줄어드는 것은 당연한 일이다. 물론 유희와 발전을 동시에 추구할 수는 있지만, 이러한 형태가 무조건 이상적이라고 할 수는 없다. 행복 추구 수단으로서 적합성 여부는 스스로 판단해야 한다. 발전 여부를 그 판단 기준으로 삼아서는 안 된다. 표면적인 이익에 현혹되어 편협한 가치 판단을 하지 않도록 주의해야 한다.

#24 방식의 차이

"발전이 유희에 약영향을 미친다면, 유희 추구와 발전 지향은 분리되어야 하나요?"

"어떤 형태가 옳다고 단정지을 수 없어요. 발전과 유희가 더해질 때 더 큰 양수가 되는 경우도 있으니까요. 수많은 경험과 노력을 통해 자신에게 가장 적합한 수단을 찾아야 해요."

경험

경험의 가치

경험은 발전의 일환이다. 경험 또한 미래의 행복에 실질적으로 도움이 되어야 한다. 경험이 앞으로의 삶에 지식, 능력, 재산 등의 형태로 긍정적인 영향을 미쳐야 한다. 따라서 어떠한 경험을 추구할 때에는, 정신적·물질적 이익으로 이어질 것이라는 판단이 선행되어야 한다. 즉 행복에 도움이 되지 않는 경험은 지양해야 한다. 경험의 가치는 행복에 대한 영향력에 따라 결정되기 때문이다.

애초에 경험뿐만 아니라 모든 행동은 자신의 행복에 도움이 되어야 한다. 그게 행동의 근거다. 따라서 다양한 경험을 무조건적으로 지향하는 것은 바람직하지 않다. 그러나 사람들은, 언젠가는 도움이 될 것이라고 생각하며 경험의 가치를 매우 높게 평가한다. 여러 사람을 만나고, 다양한 직업을 경험하고, 많은 나라를 여행할수록 인생에 도움이 될 것이라고 여긴다. 물론 틀린 생각은 아니다. 실제로 많은 경험은 삶에 큰 도움이 된다. 경험이 세상을 보는 시야를 넓혀준다는 사실만큼은 부정할 수 없다. 새로운 분야에 관심을 갖게 될 수도 있고, 그로 인해 삶의 지향점이 달라질 수도 있다. 또한 자신이 특정 행복 추구 수단에만 집착했던 것은 아닌지 돌아보게 만들기도 한다. 때로는 아주 오래된 경험이, 현재 직면한 문제를 해결할 실마리가 되기도 한다. 이처럼 경험이 삶에 어떠한 식으로 도움이 될지는 전혀 예측할 수 없다. 이러한 이유로, 당장은 아무런 이득이 없더라도 먼 미래에는 귀중한 자산이 될 것이라고 여기게 된다.

인생이라는 큰 틀에서 본다면, 다양한 경험이 삶의 양분이 될 것이라는 판단은 꽤나 합리적인 것처럼 보인다. 하지만 목적이 불분명한 경험은 그대로 잃어버리는 시간이 될 가능성이 높다. 따라서 경험을 통해 얻게 될 이점을 분명히 해야 한다. 이를 고려하지 않고 맹목적으로 많은 경험을 지향하는 것은 자원의 낭비로 이어질 수 있다.

시간과 돈이 충분하다면 다양한 경험을 추구하는 것은 아무런 문제가 되지 않는다. 결국 자원이 제한되어 있다는 점이 가장 큰 문제다. 발전에 사용할 수 있는 자원은 한정되어 있기 때문에 자신에게 필요한 경험을 구체화해야 한다. 그리고 그 경험이 발전의 측면에서 얼마나 효과적인 방법인지 판단해야 한다. 즉 경험이 필요한 부분을 명확히 하고, 경험이라는 형태의 발전이 과연 적합한지 판단하는 것이다. 이러한 과정을 거쳐서, 경험에서 얻게 될 이익이 작게 느껴진다면 그 경험에 대해서는 타협하는 태도가 필요하다.

경험이 필요한 경우

행복 추구 수단은 효율을 고려하여 선택한다. 소모 대비 이익을 따져서 지향 여부를 결정하는 것이다. 여기서 소모되는 자원은 계산할 수 있지만, 이익에 해당하는 양수의 크기를 예측하는 것은 불가능하다. 따라서 경험이 가장 필요한 경우는, 지향하려는 행복 추구 수단의 양수를 헤아릴 수 없을 때다. 경험하지 않으면 양수의 크기를 알 수 없기 때문이다. 물론 관련 지식이나 유사한 경험을 통해 대략 짐작할 수는 있다. 하지만 양수의 크기를 정확하게 알 수는 없다. 따라서 양수의 크기를 알 수 없는 상황에서는 경험이 반드시 필요하다. 행복 추구 수단으로서 적합성 여부를 판단하기 위해서는 양수의 크기를 알아야 하기 때문이다.

행복 추구 수단 선택을 위한 경험

 발전을 위해 사용할 수 있는 자원은 제한되어 있다. 따라서 발전의 일종인 경험에서도 효율을 논하지 않을 수 없다. 하지만 경험은 효율 계산이 불가능하다. 경험의 효율을 판단하는 것은, 경험을 지향하는 행동의 소모 대비 이익을 따지는 일이다. 그런데 경험에 소요되는 자원을 계산할 수는 있지만, 경험으로 얻게 될 이익은 전혀 예측할 수 없다. 그 경험으로 인해 얼마나 많은 것을 얻게 될지는 사실 결과론적인 부분이기 때문이다.

 경험은 효율 계산이 불가능하다. 따라서 경험을 추구할 때에는, 자신에게 꼭 필요한 경험이라는 판단과 그러한 판단의 근거가 필요하다. 앞서 말했듯 경험이 필요한 경우는 행복 추구 수단을 선택할 때다. 이 과정에서 행복 추구 수단의 효율 계산을 통해 경험의 필요 여부를 판단할 수 있다. 일단 대략적으로 계산한 양수의 크기를 가지고 행복 추구 수단의 효율을 따져야 한다. 이를 계산해서 일차적으로 지향 여부를 가늠하는 것이다. 양수의 크기를 모르기 때문에 정확한 값은 구할 수 없지만, 면밀한 관찰과 분석으로 그 오차를 최대한 줄일 수 있다. 이 과정에서 효율이 크게 떨어진다고 판단되면 이는 굳이 경험할 필요가 없다. 그 수단을 통해 얻게 될 양수의 최대치가, 소모되는 자원의 비해 작은 경우가 이에 해당한다. 얼마나 큰 양수로 이어지든 소모되는 자원이 타협점을 훌쩍 넘어버린다면 더 이상 고민할 필요조차 없는 것이다. 하지만 양수의 크기에 따라 행복 추구 수단 채택 여부가 결정되는 경우에는 경험이 필요하다. 행복 추구 수단의 효율이 지향 가능한 수준이라고 판단되면, 최종적으로 양수의 크기에 따라 결정한다. 이러한 경우에는 경험이 필요하다. 경험을 통해 양수의 크기를 산출하고, 이를 통해 행복 추구 수단을 결정하는 것이다. 만약 경험 지향 여부에 대해 확신이 서지 않는다면, 이는 행복 추구 수단의 효율 계산이 덜 진행된 것이다.

양수의 크기를 가늠하기 위한 경험은 필요하다. 하지만 그보다 먼저 행복 추구 수단의 효율 계산을 확실하게 해야 한다. 이 과정을 거쳐 경험이 필요하다는 확신을 가진다면, 이에 소모하는 자원은 결코 낭비가 될 수 없다. 결과가 어찌됐든 행복을 위해 합리적인 투자를 한 셈이다. 행복 추구 수단에 대한 지향 여부를 확신할 수 있게 된다면 그것만으로도 충분히 가치 있는 경험이다.

위에서 제시한 행복 추구 수단 선택 방식은 어디에든 적용이 가능하다. 직업, 취미, 인간관계 등 삶의 모든 요소에 활용할 수 있다. 이러한 과정을 거쳐 선택된 행복 추구 수단은 자원의 낭비를 줄이고 양수의 총량을 높이는 데 크게 기여할 것이다.

25 불확실한 발전

"경험은 어떤 식으로든 도움이 될 수 있잖아요. 자신의 유희 성향에 대해 더 이해하게 되고, 그와 유사한 행복 추구 수단의 양수를 가늠할 때 활용할 수도 있으니까요. 이런 측면에서 본다면 수많은 경험은 유의미한 자산이 될 수 있지 않나요?"

"결과론적인 생각을 버려야 해요. 너무 많은 대가를 치르거나, 구체적인 목적 없이 경험을 추구하는 것은 행복에 별다른 도움이 되지 않아요."

일과 유희

수단으로서 가치

 삶에서 지향하는 모든 요소는 행복 추구 수단에 해당한다. 행복 추구 수단은 자원을 행복으로 전환하는 매개체다. 그 연결이 견고할수록 수단으로서 가치가 높다고 할 수 있다.

 수단으로서 가치란 '행복 추구 수단의 가치'를 의미한다. 그리고 수단으로서 가치를 판단하는 기준은 효율과 유일성이다. 여기서 말하는 효율은 행복 추구 수단의 효율을 뜻한다. 소모 대비 이익을 따져서 효율이 높을수록 수단으로서 가치가 높은 것이다. 유일성은 그 행복 추구 수단의 유일무이한 특성을 의미한다. 이는 대개 인간관계에서 도드라지는 특징이다. 대체할 수 없는 행복 추구 수단이기에 수단으로서 가치가 높은 것이다. 즉 효율과 유일성을 기준으로 그 행복 추구 수단의 가치를 판단할 수 있다.

수단으로서 가치 행복 추구 수단의 가치.
　　　　　　　　 효율과 유일성을 기준으로 판단한다

효율은 수단으로서 가치를 판단하는 기준이다. 그렇다고 직업의 가치를 판단할 때 노동 대비 수입만을 고려해서는 안 된다. 단순히 돈을 많이 버는 일은 발전 수단으로서 가치가 있을 뿐이다. 유희라는 조건을 포함해서 행복 추구 수단으로서 가치가 있어야 한다. 유희와 수입을 이익으로 두고, 일에서 비롯되는 모든 음수를 소모로 둔 다음 효율을 판단해야 한다.

일의 주된 목적은 돈이다. 하지만 유희를 도외시해서는 안 된다. 직업이 자신의 유희 성향과 일치하지 않거나, 유희 증감 요소가 유희를 크게 저해한다면 이는 수단으로서 가치가 낮은 것이다. 수입이 많다고 해도, 일에서 유희를 얻을 수 없다면 결코 이상적인 행복 추구 수단이 될 수 없다. 오히려 행복을 억제하는 요소다. 유희가 없는 일은 그저 목적달성을 위한 도구에 불과하다. 오로지 돈만을 목적으로 하는 행동에 지나지 않는다. 그 일에 돈 이상의 가치는 없다.

통상적으로 일은 삶에서 가장 큰 비중을 차지한다. 일에서 유희를 추구하지 않는다면 이는 행복의 발원지를 봉쇄하는 것과 같다. 일이 자신의 유희 성향과 일치해야만 그 일이 수단으로서 큰 가치를 지닐 수 있다. 따라서 일과 유희 추구는 반드시 동시에 이루어져야 한다.

효율 좋은 일로 큰돈을 벌어도, 그 돈을 행복으로 연결 짓는 방법은 결국 욕구충족의 크기를 높이는 것뿐이다. 욕구충족의 크기를 높이는 것보다, 삶에서 많은 비율을 차지하는 일에서 유희를 얻는 게 이상적인 형태다. 따라서 욕구 결핍을 일부 감수하더라도 유희를 포기해서는 안 된다.

욕구충족은 삶에서 큰 부분을 차지하지만, 삶의 주된 양수라고 볼 수는 없다. 인간이 욕구충족을 통해 얻을 수 있는 양수에는 한계가 존재한다. 욕구충족은 강력한 양수지만 결코 오래 지속되지 않는다. 물론 단순 지속시간만 가지고 중요도를 따질 수는 없다. 욕구충족은 짧지만 매우 강력한 양수이니까. 하지만 양수의 지속력은 결코 무시할 수 없는 부분이다. 짧고 강력한 욕구충족보다, 지속적으로 양수를 얻을 수 있는 유희에 초점을 맞춰야 한다. 양수의 총량을 비교하면 유희가 욕구충족을 압도하기 때문이다. 욕구충족에는 상한선이 있지만, 유희는 가용 에너지 내에서 얼마든지 양수를 얻을 수 있다. 가용 에너지에 따라 유희의 지속력에도 한계가 존재하지만 욕구충족에 비할 바는 아니다. 욕구충족의 질과 양을 아무리 높인다 한들, 유희에서 얻는 양수의 총량을 넘어설 수는 없다. 따라서 욕구충족이 아닌 유희를 중점적으로 추구해야 한다.

유희는 욕구 결핍을 일부 상쇄하는 역할을 한다. 반대로, 지루하거나 따분한 상황에서는 욕구 결핍을 크게 느낀다. 이러한 욕구 결핍을 감내하고 일하는 이유는 오로지 돈 때문이다. 하지만 많은 돈으로 욕구충족의 크기를 높이는 것보다, 유희를 통해 일에서 욕구 결핍을 줄이는 게 행복에 더 큰 도움이 된다. 이는 일과 유희를 일치시켜야 하는 또 하나의 이유다.

수치에 개의치 않으면, 일에서 돈이 아닌 유희에 초점을 맞출 수 있다. 수치에 개의치 않으니 결과에 대한 압박감이 사라져 더욱 적극적으로 유희를 추구할 수 있는 것이다. 더 큰 유희와 심리적 충족을 얻을 수 있다면 물질적 수치를 일부 희생하는 것이 결코 손해가 아니다. 이러한 사실이 물질적 수치에 개의치 않을 수 있는 근거가 된다. 하지만 일의 비율을 낮춰서 노동의 강도를 줄이거나, 일과 유희를 일치시키기 위해 직업을 바꾸는 것은 현실적으로 어려운 부분이다. 수치에 개의치 않는 게 불가능한 이유는 필요 수치 때문이다. 생활에 반드시 필요한 필요 수치의 압박 때문에 쉽게 결정하지 못하는 것이다. 필요 수치에 대한 내용은 다음 파트에서 다루도록 한다.

#26 포기해야 하는 것

"돈은 많을수록 좋잖아요. 더 많은 돈을 위해 일하는 것이 정말 잘못된 일인가요?"

"많은 돈으로 할 수 있는 건 욕구충족의 크기를 높이는 것뿐이에요. 물론 돈은 행복에 도움이 되지만, 더 큰 욕구충족을 위해 일에서 유희를 포기하는 것은 잘못된 선택이에요. 그 반대가 되어야 해요. 욕구충족의 크기를 일부 낮추더라도 일과 유희는 반드시 일치해야 하거든요."

"하지만 돈은 유희를 추구할 때에도 필요하잖아요."

"유희를 추구할 때 돈이 필요하다는 이유로 일에서 유희를 포기하는 것은 잘못된 선택이에요. 삶의 주된 비중을 차지하는 일에서 유희를 얻지 못한다면 이는 엄청난 양수의 손실이니까요."

필요 수치

 행복을 위해서는 물질적 충족이 반드시 필요하다. 물질적 충족은 심리적 충족과 더불어 행복의 본질에 해당하기 때문이다. 물질적 충족을 위한 물질적 수치는 타협 대상이다. 효율을 고려하여 합리적인 물질적 수치를 특정하고 이를 지향해야 한다. 이게 앞서 설명한 타협점의 개념이다. 그리고 필요 수치는 이 타협점의 하한선을 의미한다. 즉 행복을 추구하는 데 필요한 최소한의 물질적 수치를 의미한다.

필요 수치 행복에 필요한 최소한의 물질적 수치. 타협점의 하한선

필요 수치는 타협점과 마찬가지로 매우 주관적인 개념이다. '필요하다'는 기준 자체가 모호하기 때문이다.

물질적 수치 1~100중 타협점이 30~40이라면, 필요 수치는 30에 해당한다. 필요 수치는 타협점의 하한선이기 때문에, 타협점을 낮추는 것이 곧 필요 수치를 낮추는 일이다. 타협점을 낮출 근거만 충분하다면 필요 수치는 얼마든지 낮출 수 있다.

필요 수치를 낮출 근거

삶의 주된 양수는 욕구충족이 아니라 유희이다. 따라서 욕구충족의 크기를 높이는 것보다, 유희의 크기와 비중을 높이는 일에 집중해야 한다. 그러나 대부분의 삶은 물질적 수치를 높이기 위한 노력이 주를 이룬다. 유희를 희생하여 욕구 충족의 크기를 높이려 한다. 유희와 욕구충족에 대해 이해한다면 이게 얼마나 잘못된 일인지 알 수 있다. 욕구충족을 위해 유희를 포기하는 것은 잘못된 행복 추구 방식이다. 다만 욕구 결핍이 심한 경우에는 해당되지 않는다. 물질적

수치가 필요 수치에도 미치지 못한 상황에서는 유희가 문제가 아니다. 물질적 수치를 끌어올려서 욕구 결핍을 줄이는 게 관건이다. 유희를 일부 포기하더라도 필요 수치를 달성하는 게 급선무이기 때문이다. 따라서 욕구 결핍을 감수하고 무조건 유희의 비율을 늘려야 한다고 단정지을 수는 없다. 개인의 상황에 따라 언제나 예외는 존재하기 때문이다. 하지만 극단적인 욕구 결핍을 느끼는 상황이 아니라면, 유희가 욕구충족보다 우선시되어야 한다는 사실은 모든 경우에 동일하게 적용된다.

일반적으로 욕구 결핍보다는 유희의 부재가 더 큰 음수로 작용한다. 유희에 많은 자원을 할애해서 욕구 결핍이 커지더라도, 그보다 큰 양수를 얻는다면 전혀 문제될 게 없다. 타협점 내에서 욕구충족의 크기를 낮추는 것은 욕구결핍을 동반할지라도 심리적 결핍으로 이어질 일은 없다. 유희의 비중을 높이기 위해 타협점을 낮추는 것이라면 거기서 비롯되는 음수는 스스로 수용할 수 있기 때문이다.

욕구충족의 크기는 행복에 영향을 주지만 일정 수준을 넘어가면 그 이상의 수치는 큰 의미가 없다. 이는 욕구충족을 위한 자원을, 유희를 위해 사용한다면 더 큰 행복을 얻을 수 있다는 점을 시사한다. 이러한 사실은 타협점을 낮출 근거로 작용한다. 필요 수치는 얼마든지 낮출 수 있다. 필요 수치와 타협점을 낮추는 이유는, 제한된 자원을 물질적 수치를 높이는 데 사용하는 것보다 유희를 위해 사용하는 게 더 효율적이기 때문이다. 근거를 확보한 상태에서 자의적으로 욕구충족의 크기를 낮추는 것은 작은 양수를 희생하여 큰 양수를 얻는 일이다.

 욕구충족의 크기를 높이는 것보다 유희의 비율을 늘리는 데 초점을 맞춰야 한다. 이는 타협점과 필요 수치를 낮추고 일과 유희를 일치시키는 형태로써 실현된다. 일에서 유희를 얻기 위해 타협점을 낮추는 방식의 공격적인 삶의 변화를 도모해야 한다. 물론 일에서 유희를 얻기 위한 과정은 결코 순탄치 않다. 많은 노력이 필요하고 시행착오를 겪어야 한다. 하지만 이러한 노력이 거듭될수록 삶은 이상적인 형태로 조금씩 변해갈 것이다.

 필요 수치라는 제약 때문에 일에서 유희를 추구할 수 없다는 주장은, 욕구충족의 크기를 낮출 수 없다는 말과 같다. 일에서 유희를 추구하는 게 어려운 이유는 물질적 수치, 즉 돈을 포기하지 못하기 때문이다. 욕구 결핍을 일부 감수하더라도 일에서 반드시 유희를 얻겠다는 결심을 하지 않은 탓이다. 큰 양수를 얻기 위해서는 작은 양수를 일부 희생할 수 있는 용기가 필요하다.

미래의 필요 수치

 위 내용의 맹점은 '현재의 필요 수치'에 대해서만 다룬다는 점이다. 단순히 생활에 필요한 물질적 수치뿐만 아니라 미래를 위한 준비도 필요 수치의 범주에 포함해야 한다. 이 내용을 배제한 이유는 '현재와 미래의 균형' 파트에서 중점적으로 다루기 위함이다. 미래 지향에 대한 내용까지 이 파트에서 전부 설명할 수는 없다. 따라서 이에 관련한 내용은 잠시 보류한다. 현시점에서는 유희를 위해 물질적 수치를 희생할 이유를 분명하게 이해하는 것으로 충분하다.

#27 반드시 필요한 변화

"필요 수치를 낮춰서 일과 유희를 일치시켜야 한다는 뜻이네요."

"물론 예외는 존재해요. 일이 삶에서 가장 큰 비중을 차지하기 때문에 일에서 유희를 느껴야 한다고 설명한 것이에요. 만약 일의 비중이 작다면 무조건 일에서 유희를 찾아야 할 필요는 없어요."

"결국 삶에서 유희의 비중을 높이는 게 핵심이네요."

"맞아요. 대부분의 경우, 욕구 충족의 수치를 높이는 것보다 유희의 크기를 높이고 비율을 늘리는 게 행복에 더 큰 도움이 되거든요."

저효율의 행복 추구 방식

지나친 양수

행복 추구 수단을 선택할 때에는 효율을 기준으로 결정한다. 이때 주의할 점은 양수의 크기와 지속성을 모두 고려해야 한다는 점이다. 강력한 양수이지만 지속되지 않을 수도 있고, 반대로 양수의 크기는 작지만 지속력이 좋을 수도 있기 때문이다.

큰 양수는 지속력이 약한 경우가 많다. 큰 양수는 행복 추구 수단을 선택할 때 판단력을 흐릴 위험성이 높다. 행복 추구 수단을 선택하는 과정에서 효율 계산을 방해한다. 소모 대비 이익을 판단할 때, 이익의 크기를 실제보다 높게 평가하게 되기 때문이다. 그렇다고 짧고 강력한 양수를 배척하라는 뜻은 아니다. 효율이 나쁜 행복 추구 수단을 추구하지 않도록 주의하라는 것이다. 큰 양수에 가려진 저효율을 경계해야 한다.

물질적 수치를 높일수록 효율은 떨어진다. 이러한 사실을 외면한 채, 큰 양수를 얻기 위해 많은 자원을 투자하며 소모한 자원에 비례하는 양수를 얻으려 한다. 이는 양수에 대한 기대치를 높이는 일이다. 큰 소모는 그에 상응하는 양수를 목표로 하기 때문에 그 기대치에 미치지 못할 경우 효율과 양수에 대한 심리적 결핍을 느끼게 된다.

무조건 큰 양수를 지향하면 효율이 나쁜 행복 추구 수단을 채택하거나 양수에 대한 심리적 결핍에 빠질 수 있다. 이러한 문제를 방지하기 위해서는 애초부터 양수의 크기를 무한정 키우려는 생각부터 버려야 한다. 행복은 양수의 크기가 결정짓는 게 아니다. 양수의 크기를 아무리 높여도, 효율이 떨어지거나 심리적 결핍을 느낀다면 이는 행복에 전혀 도움이 되지 않는다. 큰 양수를 지향할 수는 있지만, 그에 따른 저효율은 어느 정도 감안해야 한다. 또한 양수의 기대치를 너무 높게 잡아서는 안 된다.

소유욕

소유의 목적은 크게 세 가지로 나뉜다. 첫째는 물질적 충족을 위한 소유다. 해당 소유물이 물질적 충족에 실질적으로 도움을 주는 경우가 이에 해당한다. 더 큰 유희와 욕구 충족을 목적으로 하는 지향점이다. 이러한 소유를 지향하는 것은 합리적이다. 실제로 행복에 많은 도움이 된다. 하지만 효율을 기반으로 타협점을 설정하고, 나아가 수치에 개의치 않아야 하는 부분이다.

둘째는 심리적 충족을 위한 소유다. 물질적 수치를 높이는 것은 대부분 심리적 충족을 위한 일이고 이는 잘못된 방식이라고 설명한 바 있다. 이는 '수치에 개의치 않는 목적성 - 충족'파트에서 다룬 내용이다. 심리적 충족을 위한 소유도 이와 같은 맥락이다. 소유의 주된 목적이 물질적 충족이 아닌 심리적 충족이라면, 양수가 지속되지 않을뿐더러 효율도 떨어지는 행복 추구 방식에 해당한다. 소유물을 통한 물질적 충족은 지속되지만 심리적 충족은 지속되지 않는다. 심리적 충족을 위한 소유를 지양하고 물실적 충족을 위한 소유만을 지향한다면 저효율의 소비는 사라질 것이다. 자원이 한정되어 있기에 심리적 충족을 위한 소비는 삼가야 한다. 더 좋은 것을 소유함으로써 심리적 충족을 얻으려는 생각은 소유물에 대한 심리적 결핍으로 이어진다. 이는 끝없는 소유욕을 유발할 뿐이다.

셋째는 타인을 의식해서 지향하는 소유다. 타인에게 높은 평가를 받기 위해, 혹은 자신의 가치를 대변할 목적으로 소유하는 것이다. 소유물을 타인에게 드러내고 그로써 우월감을 얻으려는 경우가 이에 해당한다. 이처럼 우월감을 목적으로 하는 허영심 가득한 소유욕은 삶에서 반드시 배제해야 할 부분이다.

이어지는 파트에서는 우월감의 반대인 열등감에 대해 다룰 것이다. 우월감에 관련한 내용은 그다음 파트에서 설명하도록 한다.

#28 감정에 속지 않도록

"소유는 물질적 충족만을 목적으로 해야 한다는 말인가요?"
"네. 소유에 따른 심리적 충족은 따라오는 것이지, 주된 목적이 되어서는 안 돼요."

열등감

열등감은 '심리적 결핍에 타인과의 비교가 더해질 때 생겨나는 음수'이다. 심리적 결핍을 느끼는 요소를 남과 비교할 때 그 음수는 더 커진다. 즉 열등감은 심리적 결핍에서 파생되는 음수다. 심리적 결핍에 비교가 더해져 더 큰 음수로 진화한 형태다.

열등감 심리적 결핍을 요소를 타인과 비교할 때
느끼는 음수

심리적 결핍은 열등감이라는 음수로 이어진다. 이러한 열등감을 극복하기 위해 타인의 노력을 폄하하곤 한다. 요행일 뿐이라고 여기거나, 다른 단점을 부각시키며 그 사람의 가치를 깎아내린다. 자신이 지향 수치에 도달하지 못한 이유를 늘어놓으며 애써 합리화하기도 한다. 환경이 받쳐 주지 않아서, 타고난 능력이 부족해서, 운이 없어서 어쩔 수 없었다는 식의 변명거리를 만들어낸다.

태생적 한계를 근거로 삼으면 합리화가 용이하다. 날 때부터 정해진 환경과 능력의 한계를 구실로, 부족하다고 느껴지는 자신의 상황을 변명할 수 있다. 따라서 노력과 별개인 태생적 한계를 탓하는 것은 합리화의 주된 근거로 활용된다.

자기합리화의 근거는 의외로 타당하다. 삶에서 기회가 모두에게 공평하게 주어지는 것은 아니다. 때로는 노력으로 따라갈 수 없는 재능의 한계와 마주하기도 한다. 또한 노력보다는 운과 환경이 더 중요하게 작용하는 경우도 있다. 요행이 큰 성과를 가져오기도 하고, 반대로 불운이 모든 것을 망쳐버리기도 한다. 이런 점들을 고려하면 태생과 운명을 탓하는 것은 당연하게 느껴진다. 이는 실제로 많은 사람들의 마음속에 자리잡은 생각이기도 하다.

이토록 공들여 합리화하는 이유는 결국 열등감 때문이다. 태생적 한계와 운명을 근거로 자신을 변호한다면 열등감에 어느 정도 대항할 수 있다. 하지만 이는 열등감을 극복하는 게 아니라 잠시 억누르는 것뿐이다. 열등감을 애써 외면하는 일에 불과하다. 자신이 남보다 부족할 수밖에 없는 이유를 찾는 것은 열등감에 대한 해결책이 될 수 없다.

열등감을 없애기 위해서는 먼저 심리적 결핍을 극복해야 한다. 최고점을 지향하지 않고, 효율에 근거한 타협점을 설정하고, 수치에 개의치 않아야 한다. 심리적 결핍은 열등감의 원천이다. 이는 심리적 결핍을 극복하면 열등감을 동시에 청산할 수 있다는 점을 의미한다. 즉 열등감의 원료를 제공하지 않으면 자연스레 해결되는 일이다. 심리적 결핍만 없앤다면 어떠한 비교에서도 열등감을 느끼지 않을 수 있다.

심리적 결핍이 비교를 통해 열등감이라는 음수로 이어진다는 사실에 집중해야 한다. 타인과의 비교는 음수를 증폭시키는 결과를 초래할 뿐이다. 타인과 비교해서 얻을 수 있는 것은 열등감이라는 음수와 우월감이라는 가짜 양수뿐이다. 열등감을 일종의 자극제로 여겨서는 안 된다. 열등감은 강력한 음수이자 심리적 결핍을 극대화하는 불행의 씨앗이다. 행복을 원한다면 한 줌의 열등감조차 허용해서는 안 된다.

#29 양수로 가장한 감정

"심리적 결핍에 비교가 더해질 때 열등감이 생겨난다면, 심리적 충족의 영역이라면 상관없는 것 아닌가요?"

"심리적 충족에 비교가 더해지면 우월감을 느끼게 돼요. 우월감은 양수의 형태를 띠지만 실상은 행복을 저해하기 때문에 저는 이를 가짜 양수라고 불러요. 우월감은 행복에 큰 악영향을 미치기 때문에 삶에서 반드시 지양해야 하는 부분이에요."

우월감, 허영심

 심리적 결핍에 타인과의 비교가 더해지면 열등감이 생겨난다. 반대로, 심리적 충족에 타인의 평가가 더해지면 이는 우월감으로 이어진다. 우월감이란 '만족하는 요소가 남에게 인정받을 때 느끼는 가짜 양수'이다.

우월감 타인의 평가에서 비롯되는 가짜 양수.
　　　　심리적 충족을 느끼는 요소가 남에게 인정받을 때 생겨난다

우월감은 나에 대한 타인의 평가에서 비롯되는 양수이다. 타인에게 그 가치를 인정받을 때 비로소 양수가 된다. 따라서 우월감을 지향하는 것은 타인의 평가를 지향하는 것과 같다.

우월감 지향 = 타인의 평가 지향

타인의 평가를 지향하면 심리적 충족을 뒤로한 채 남에게 비치는 나의 모습에 초점을 맞추게 된다. 나의 행복이 아닌 타인의 평가가 행동의 주된 목적이 되어버린다. 이는 행복의 주도권을 남에게 넘겨주는 것과 같다. 언제나 남들의 시선을 의식하며 자신을 위한 삶이 아닌 남에게 보여주는 삶을 살게 된다. 나와 남들을 끊임없이 비교하며 타인이 나를 어떻게 생각할지 걱정한다. 분명 내 삶인데, 그 주체는 남이 차지한다. 이는 속 빈 껍데기 같은 삶을 자처하는 일이다.

수많은 인간관계를 맺고 살아가는 입장에서 자신에 대한 모든 평가를 도외시한다는 것은 불가능하다. 위 내용의 핵심은 자신을 바라보는 타인의 모든 시선을 신경쓰지 말라는 게 아니다. 타인의 평가를 기반으로 하는 우월감을 지향하지 말라는 뜻이다. 우월감 지향으로 인한 허영심에 사로잡히지 말라는 의미다.

　허영심이란 '타인에게 자신의 가치를 인정받음으로써 우월감을 얻고자 하는 태도'를 의미한다. 우월감을 목적으로 자신의 가치를 대변할 요소를 내세우는 행동은 모두 허영심에 해당한다. 여기서 남에게 드러내고자 하는 것은 물질적 요소에 국한되지 않는다. 나의 가치를 드러낼 수 있는 모든 요소를 의미한다.

허영심　타인에게 자신을 직·간접적으로 내세워서
　　　　　우월감을 얻으려는 행동과 그 마음

　우월감은 타인의 평가를 필요로 한다. 타인에게 인정받을 때 우월감을 느끼기 때문이다. 따라서 허영심에 사로잡히면 남에게 자신을 내보이기 위해 노력한다. 이러한 양상이 지속되면 타인의 평가에 집착하는 허영심 가득한 존재가 된다. 즉 우월감을 지향하면 타인의 평가를 중요시 여기게 되고 이는 허영심으로 이어진다. 우월감이라는 가짜 양수를 지향했을 때 마주하게 되는 결과이다.

　불행으로 이어지는 이러한 경로를 벗어나려면 우월감을 양수의 일환으로 여겨서는 안 된다. 우월감을 지향하는 게 잘못된 행복 추구 방식이라는 사실을 자각해야 한다. 우월감은 양수로 위장했을 뿐 실상은 음수의 발원지이다.

물질적 수치를 높여서 얻는 심리적 충족은 지속되지 않으며 끊임없이 더 큰 수치를 원하게 된다. 이는 타인의 평가라는 지향점에서도 동일하다. 우월감은 지속되지 않으며 언제나 더 높은 평가를 바라게 된다. 타인의 평가에 대한 최고점 지향이 심리적 결핍을 유발한다. 원하는 만큼 인정받지 못하면 타인의 평가에 대해 심리적 결핍을 느끼게 되는 것이다.

우월감은 가짜 양수이고 우월감을 지향하는 것은 매우 잘못된 행복 추구 방식이다. 허영심을 조장할 뿐만 아니라 타인의 평가에 대한 심리적 결핍으로 이어진다는 점은 우월감을 지양해야 할 명백한 근거다.

#30 나만의 가치를 위해

교수에게 물었다.
"제 삶의 가치를 인정받을 수 있다는 부분에서는 타인의 평가가 좋은 점도 있지 않나요?"
교수가 반대로 내게 물었다.
"그러면 삶의 가치라는 것은 구체적으로 뭘 의미하나요?"
"명예, 부, 사회적 영향력 등 많은 것들이 제 삶의 가치를 증명하는 요소가 될 수 있지 않나요?"
"가치는 가치 판단 기준에 따라 달라져요. 물질중심적 가치관에 의하면 돈이 삶의 가치를 대변하는 요소가 되겠죠. 하지만 삶의 유일한 가치는 행복이에요. 따라서 삶의 가치 판단 기준은 행복이어야 해요."

삶의 가치

 물질중심적 가치관을 가지면 물질적 수치만을 높여서 행복을 얻으려 한다. 심리적 충족을 얻기 위해 물질적 수치를 높이거나, 큰 욕구충족을 얻기 위해 물질적 수치를 높이는 것이 그 예이다. 물질중심적 가치관에 지배당하면 심리적 결핍을 무시하고 물질적 수치만 높이려 든다. 행복 추구 방식이 물질적 충족에 한정된 탓이다.

물질중심적 가치관에 따르면 돈은 삶의 핵심 가치이다. 돈은 물질적 충족에 한해 절대적인 힘을 갖기 때문에 돈이 행복에 직결된다고 믿는다. 나아가 돈을 행복의 척도로 여긴다. 행복이 삶의 근본적 가치라는 사실을 잊은 채 돈을 수단이 아닌 가치라고 착각하는 것이다.

돈에 지나친 가치를 부여하게 되는 근본적 원인은 물질중심적 가치관이다. 물질중심적 가치관을 가지고 사는 이상, 삶에서 가장 중요한 가치는 돈이 될 수밖에 없다. 돈과 행복이 비례한다고 느끼기 때문이다. 돈을 삶의 주된 가치로 여기다 보면 돈으로 삶의 가치를 판단하게 된다. 풍요로운 삶을 더 가치 있게 여기고, 결핍을 느끼는 삶은 낮게 평가한다. 물질적 충족만큼 중요한 심리적 충족이 존재한다는 사실을 모르기 때문에 이러한 가치 판단의 오류가 발생하는 것이다.

사회적 능력

사회적 능력은 '경제력, 지위, 영향력 등 개인이 사회적으로 가지는 능력'을 의미한다. 사회적 능력은 돈으로 직결되는 생산력에 해당한다. 따라서 돈에 준하는 삶의 가치로 여겨진다. 또한 사회적 능력은 우월감의 척도에 해당하기 때문에 그 가치가 과대평가되기도 한다.

사회적 능력 개인의 생산력.
경제력의 척도가 되는 능력, 자격, 경력 등이 이에 해당한다.

 사회적 능력에 돈 이상의 가치를 부여하는 것은 무의미하다. 사회적 능력에서 비롯되는 명예나 권위는 물질적 이익과 우월감을 제외하면 별다른 가치가 없다. 심지어 우월감은 지양해야 하는 요소이기 때문에 사회적 능력은 물질적 이익 외에는 아무런 가치가 없는 셈이다. 자신의 분야에서 인정받거나 업적을 남기려는 노력은 우월감을 지향하는 것과 다를 바 없다. 명예는 사회가 부여한 가치에 불과하기 때문이다. 명예는 사회적 능력을 잣대로 개인의 가치를 평가한 것이기에 이를 지향할 이유가 없다. 집단에게는 유의미할지 모르지만 개인에게는 물질적 이익을 제외하면 행복에 아무런 도움이 되지 않는다. 사회적 능력은 개인의 생산력에 지나지 않는다. 그 이상의 가치를 부여해서 삶의 가치를 판단하는 기준으로 삼지 않도록 주의해야 한다.

가치 판단 기준
 인간의 삶에서 행복은 절대적인 가치다. 반면 행복을 제외한 모든 요소의 가치는 상대적이다. 비교를 통해서만 그 가치를 판단할 수 있다. 따라서 상대적인 요소로 내 삶의 가치를 평가한다면 타인과의 비교는 불가피하다.

 돈과 사회적 능력은 매우 상대적이다. 이를 가치 판단 기준으로 삼는다면 자신의 가치를 확인하기 위해 끊임없이 남들과 비교하게 된다. 또한 자신의 가치를 인정받기 위해 타인의 평가에도 집착하게 된다. 이는 열등감과 허영심으로 이어진다. 반면 행복을 삶의 가치 판단 기준으로 삼는다면, 삶의 가치를 판단할 때 더 이상 남과 비교할 이유가 없다. 열등감으로부터 자유로워지고 허영심에 빠질 위험에서 벗어날 수 있다.

 돈과 사회적 능력은 삶의 수많은 지향점 중 하나에 불과하다. 그러나 대부분의 사람들은 그렇게 생각하지 않는다. 단순히 지향하는 수준을 넘어서 과도하게 갈망하고, 삶의 가치를 판단하는 기준점으로 삼기에 이른다. 열등감이 주로 돈과 사회적 능력에서 발생하는 이유도 이 때문이다.

 물질중심적 가치관에 따르면 돈은 내 삶의 가치를 대변한다. 또한 사회적 능력은 나의 가치를 증명하는 요소가 된다. 따라서 끊임없이 타인과 비교하며 나와 내 삶의 가치를 확인하고 인정받으려 한다. 물질적 요소를 기준으로 나와 타인을 비교하며 그 가치를 저울질한다.

 삶의 유일한 가치는 행복이다. 따라서 행복이 삶의 가치 판단 기준이 되어야 한다. 그러나 물질중심적 가치관은 이 사실을 무시하고 돈과 사회적 능력을 삶의 주된 가치로 여긴다. 이 책의 핵심 전제를 부정한 채 표면적인 양수에 집착하는 노릇이다.

돈과 사회적 능력은 삶의 가치 판단 기준이 될 수 없다. 돈과 사회적 능력을 기준으로 판단할 수 있는 것은 물질적 수치에 국한된다. 물질적 요소를 통해 물질적 충족의 크기를 가늠할 수 있을 뿐이다. 물질적 수치를 비교할 수는 있어도 행복의 크기는 비교할 수 없다. 심리적 충족은 겉으로 드러나지 않기 때문이다. 돈과 사회적 능력은 물질적 충족의 크기를 결정짓지만 행복의 척도가 되지는 않는다. 물질적 충족이 일정 수준을 넘어가면 물질적 충족보다 심리적 충족이 행복에 더 주요하게 작용하기 때문이다.

물질중심적 가치관을 청산해야 가치 판단 기준을 바꿀 수 있다. 물질적 수치가 아닌 행복으로 자신의 삶을 평가해야 한다. 타인과의 비교를 멈추고 열등감과 허영심에서 벗어나는 방법은 물질중심적 가치관을 청산하는 것뿐이다. 그러면 남과 비교할 이유가 사라지고 타인의 평가에도 연연하지 않게 된다. 그로써 열등감과 허영심은 삶에서 자취를 감출 것이다. 남에게 넘겨주었던 행복의 주도권을 되찾기 위해서는 이러한 과정이 반드시 필요하다.

남과 비교하게 되는 근본적 원인이 물질중심적 가치관에서 비롯된 가치 판단의 오류라는 사실을 분명히 이해해야 한다. 물질적 요소로 내 삶의 가치를 판단하지 않는다면 타인과 나를 비교할 필요가 없어진다. 나와 내 삶의 가치를 인정받기 위해 경쟁하고 비교할 이유가 사라진다. 더 이상 사회적 기준을 잣대로 자신을 줄 세워 남과 비교하며 열등감의 노예로 살지 않아도 된다. 더 가치 있는 삶을 살고, 더 가치 있는 사람이 되려는 생각은 물질중심적 가치관을 청산하면서 함께 사라진다. 행복을 삶의 유일한 가치로 여긴다면, 기존의 가치 판단이 얼마나 무의미한 일인지 깨닫게 된다.

#31 행복을 따라서

교수가 말했다.
"물질중심적 가치관은 불행의 근원이에요. 따라서 물질중심적 가치관을 청산하는 것은 행복에 대한 이해의 시작이자 끝이라고 할 수 있어요."
"삶의 방향성이 어느 정도 명확해진 것 같아요."
"거의 다 왔어요. 이제는 미래지향에 대한 설명을 해 줄게요. 미래에 대한 가치관까지 바로잡는다면 가야 할 길이 더욱 확실해질 거예요."

현재와 미래의 균형

삶의 안정성

안정성의 사전적 의미는 '일정한 상태를 유지하는 성질'이다. 이에 따라 삶의 안정성을 '삶에서 행복을 유지하는 요소'라고 정의하도록 한다.

행복은 심리적 충족과 물질적 충족으로 나뉜다. 심리적 충족은 가치관을 통해 얻을 수 있고, 물질적 충족은 물질적 요소를 통해 얻을 수 있다. 그런데 올바른 가치관으로 얻은 심리적 충족은 사라지지 않기 때문에 이는 삶의 안정성에 대한 설명에서 제외한다. 그리고 물질적 요소에 대해서만 다루도록 한다. 즉 삶의 안정성을 물질적 요소로 한정하면 '현재의 물질적 수치를 유지하는 요소'라는 뜻으로 재정의할 수 있다. 삶의 안정성이라는 개념의 의미를 구체화한 것이다.

물질적 수치를 유지하는 힘은 돈과 사회적 능력에서 나온다. 즉 돈과 사회적 능력은 삶의 안정성에 대한 지표로 작용한다. 물론 그 돈이 미래를 위해 쓰이는 경우에 한해서이다.

삶의 안정성 현재의 물질적 수치를 유지하는 요소.
돈과 사회적 능력이 이에 속한다

미래 지향은 '삶의 안정성을 확보하기 위한 노력'을 의미한다. 돈과 사회적 능력을 목적으로 하는 학업, 경험, 시도, 탐구 등의 노력이 이에 해당한다. 발전은 주로 돈과 사회적 능력을 추구하는 형태이기 때문에 대부분의 발전은 미래 지향에 해당한다.

미래지향 삶의 안정성을 확보하기 위한 노력

지나친 미래 지향의 문제점

  삶의 안정성을 추구하는 일은 당연한 행동이다. 인간의 생존 본능에서 비롯된 지향점이기 때문이다. 즉 삶의 안정성은 생존을 위해서라도 반드시 필요한 부분이다. 그러나 삶의 안정성을 통해 행복을 보장받으려는 욕심은 돈과 사회적 능력에 대한 최고점 지향으로 이어진다. 이는 심리적 결핍을 유발한다. 생존을 목적으로 하는 일이 행복을 저해하는 것이다.

  인간의 존재 목적은 행복이다. 생존을 위해 행복을 희생하는 것은 삶의 본질적 의미가 퇴색되는 행동이다. 생존은 행복의 조건이지만 행복이 없는 삶은 아무런 가치가 없다. 생존만을 목적으로 하는 삶은 무의미한 수명 연장과 다를 바 없다. 생존을 최우선으로 여기는 것은 과거 인류에게 적합한 가치관이다. 이제는 생존을 넘어 행복을 논해야 한다. 낡은 가치관을 버리고 새로운 관념을 받아들여야 한다. 미래가 아닌 현재를 살 수 있도록 가치관을 새로 정립해야 한다.

삶의 안정성에 대한 최고점 지향

  삶의 안정성을 지나치게 추구하는 행동은 미래에 대한 막연한 불안감에서 비롯된다. 삶의 안정성을 확보하지 않았을 경우 언젠가 치르게 될 대가가 두렵기 때문에 더 많은 돈과 사회적 능력을 갈망하게 된다. 미래에 대한 걱정이 삶의 안정성에 대한 최고점 지향을 조장하는 것이다. 이처럼 삶의 안정성을 지향하는 정도가 지나치면 큰 문제가 발생한다. 바로 현재와 미래의 균형이 무너진다는 점이다. 미래를 위해 현재를 일부 희생하는 것은 불가피하지만, 그 정도가 과하면 유희가 줄고 욕구 결핍을 느끼는 등 수많은 음수와 마주하게 된다. 미래의 행복을 위해 현재의 행복을 포기하는 셈이다.

  삶의 안정성에 대한 최고점 지향은 심리적 결핍으로 이어진다. 그로 인해 미래를 우선순위로 두고 현재의 삶을 차순위로 미루게 된다. 현재와 미래의 균형에 문제가 생기는 것이다. 안정성에 대해 최고점을 지향하는 이유는, 미래에 대한 불안감을 해소하기 위해 평생을 설계하려 들기 때문이다. 아주 먼 미래까지 짊어지려 하는 탓이다. 이를 해결하기 위해서는 삶이란 큰 틀에서 인생을 전부 설계하려는 욕심을 버려야 한다. 미래를 위한 준비는 필요하지만 미래 지향을 통해 평생을 계획하려고 한다면 돈과 사회적 능력에 대한 최고점 지향과 그에 따른 심리적 결핍을 피할 수 없다. 유희에 인색해지고 미래를 위한 행동에만 모든 초점을 맞추게 된다.

  미래 지향은 반드시 필요하지만 그 정도가 지나치면 현재를 잃어버리게 된다. 행복을 위한 노력이지만 그 방식이 잘못된 탓에 오히려 역효과를 불러일으키는 것이다. 미래를 위한 노력이 삶의 주가 된다면, 오히려 삶의 안정성을 지향하지 않는 것보다 불행한 삶을 살게 될 수도 있다. 오랜 노력으로, 지향하던 삶의 안정성을 갖춘다고 해도 그보다 더 나은 미래를 위해 또다시 현재를 희생하게 될 것이다. 현재가 아닌 미래를 사는 방식에 익숙해진다면 이러한 악순환은 불 보듯 뻔하다.

현재와 미래의 균형

행복을 위한 노력이 삶의 안정성을 추구하는 형태에 치중되어서는 안 된다. 삶의 안정성을 확보하기 위한 노력은 행복이 아닌 생존을 추구하는 일에 불과하다. 삶의 안정성은 물질적 수치를 유지하는 역할을 할 뿐, 미래의 행복을 보장하지는 않는다. 미래의 행복은 물질적 수치에 대한 안정성에서 비롯되는 게 아니다.

대부분의 사람들은 삶의 안정성을 추구하는 성향이 지나치게 강하다. 현재보다는 미래를 위한 노력이 삶에서 더 큰 비중을 차지한다. 그 모습은 마치 미래를 위해 살아가는 것처럼 보인다. 매 순간을 희생하며 삶의 안정성을 확보하기 위해 수많은 음수를 감수한다.

삶은 미래가 아닌 현재를 중심으로 설계되어야 한다. 이는 미래를 도외시하고 현재만을 생각하며 살라는 뜻이 아니다. 이 순간을 위해 욕구충족의 크기를 높이려는 것은 잘못된 해석이다. 현재에 충실하되 현재의 행복을 유지하기 위한 노력을 병행해야 한다. 삶의 안정성을 위해 한시적으로 행복을 희생하는 건 일부 허용될 수 있지만 그 삶을 지속해서는 안 된다. 현재의 행복과, 현재의 행복에 대한 지속성을 모두 갖춰야 하기 때문이다. 즉 현재의 행복을 지속할 수 있도록 현재와 미래의 이상적인 비율을 설계하는 게 중요하다.

먼저 현재와 미래에 제각기 얼마만큼 자원을 할애해야 하는지 알아야 한다. 그래야 현재와 미래지향의 비율을 설정할 수 있다. 즉 미래를 위해 얼마나 희생하는 것이 합리적인지에 대한 계산이 뒷받침되어야 한다. 현재를 희생하며 미래를 추구할 때에는, 미래 지향이 결과적으로 더 큰 행복으로 이어질 것이라는 추론의 근거가 필요하다. 그 근거는 효율 계산을 통해 얻어진다. 미래의 자신에게 필요한 것을 구체화하고, 그것이 현재를 희생하는 만큼의 가치가 있는지를 따져서 지향 여부를 결정하는 것이다. 즉 미래 지향에 얼마나 큰 비중을 두어야 하는지, 그 계산이 선행되어야 현재와 미래지향의 비율을 설계할 수 있다.

미래 지향의 비율을 낮춘다

일반적으로 사람들은 미래 지향에 과도한 노력을 할애한다. 행복을 위해서는 삶에서 미래 지향이 차지하는 비중을 낮출 필요가 있다. 그러기 위해서는 일단 미래 지향의 비중을 낮춰야 하는 분명한 이유를 자각해야 한다. 미래 지향을 줄여야 하는 이유는 명확하다. 삶의 안정성을 높여서 얻는 물질적 이익보다 유희의 비율을 늘리는 게 더 큰 행복이 되기 때문이다. 삶의 안정성을 일부 포기하더라도 말이다. 미래 지향의 비중을 낮추는 만큼 현재를 위한 가용 자원이 늘어나게 되고 이는 행복으로 직결된다. 다만 이 자원으로 욕구충족의 크기를 높이는 것은 행복에 큰 도움이 되지 않는다. 유희의 크기를 높이고 비율을 늘리는 데 활용해야 유의미한 결과를 얻을 수 있다.

지나친 미래 지향은 효율 측면에서도 좋지 않다. 먼 미래를 지향할수록 미래 지향의 효율은 떨어진다. 대비하려는 미래의 범위가 넓어질수록 희생은 커지고 효율은 떨어진다. 먼 미래를 대비하려 할수록 필요한 노력이 기하급수적으로 늘어나기 때문이다. 그로 인해 삶의 안정성으로 얻을 양수보다 더 큰 희생을 치르게 된다. 반면 가까운 미래를 위한 노력은 합리적이다. 가까운 미래에 가시적인 변화를 가져올 수 있는 노력일수록 미래 지향의 효율이 높아진다. 이는 미래 지향을 줄여야 하는 또 하나의 이유로 작용한다. 미래를 전부 대비하려는 욕심을 버리고 가까운 미래를 위해서만 희생하는 게 옳은 판단이다. 본인에게 꼭 필요한 수치를 특정하고 그 수치를 위해 노력하되 나머지 자원은 현재의 유희를 위해 활용해야 한다.

삶의 안정성에 대한 타협점 설정

미래 지향을 줄여야 한다는 사실은 분명하다. 하지만 미래 지향을 완전히 배척할 수 없는 이유는 미래의 필요 수치 때문이다.

앞서, 필요 수치를 '행복에 필요한 최소한의 물질적 수치'라고 정의한 바 있다. 이에 따라 미래의 필요 수치는 '미래의 행복에 필요한 최소한의 물질적 수치'라는 뜻으로 사용된다. 이를 간략하게 표현하면 '필요한 최소한의 삶의 안정성'이다.

미래의 필요 수치 미래를 위해 필요한 최소한의 삶의 안정성

필요 수치 파트에서 말한 맹점이 바로 이 부분이다. 일에서 유희를 얻는 대신 현재의 물질적 수치를 낮추는 것은 문제가 되지 않는다. 하지만 그로 인해 삶의 안정성까지 위협받는 상황은 받아들이기 쉽지 않다. 미래의 필요 수치 때문에 물질적 수치를 낮추는 데에는 한계가 존재한다. 미래의

필요 수치도 필요 수치에 포함되기 때문에 일에서 유희를 추구하는 게 제한되는 것이다. 하지만 이를 극복하는 것이 불가능한 일은 아니다. 필요 수치는 타협점의 하한선에 해당하므로 삶의 안정성에 타협점을 설정하고 그 타협점을 낮추면 된다. 그러면 필요 수치라는 제약에서 어느 정도 자유로워질 수 있다.

 삶의 안정성은 적절한 지점에서 타협해야 한다. 얼마나 먼 미래까지 계획하는 것이 효율적인지 판단하여 지향 수치를 제한하는 것이다. 미래에 필요한 물질적 수치를 구체화하고 효율을 기반으로 지향 여부를 결정해야 한다. 타협점 설정의 핵심은 효율이기 때문에 삶의 안정성은 가까운 미래를 계획하는 정도로 타협하는 게 바람직하다. 먼 미래를 대비하려 할수록 미래 지향의 효율이 떨어지기 때문이다.

 미래 지향의 효율을 고려하여 타협점을 설정한다는 것은 매우 주관적인 판단을 요구한다. '미래를 위해 필요한 돈과 사회적 능력'이라는 기준이 매우 모호하기 때문이다. 따라서 삶의 안정성에 대해 타협점을 설정할 때 구체적인 기준점을 제시할 수는 없다. 하지만 미래 지향의 비중을 줄여야 한다는 방향성이 뚜렷한 만큼 그 타협점은 낮을수록 좋다. 삶의 안정성에 대한 타협점이 낮을수록 현재에 집중할 수 있게 된다. 타협점과 필요 수치를 낮출수록 미래를 위해 필요한 희생의 크기가 줄어들기 때문이다.

를 위해 활용해야 한다.

삶의 안정성에 대한 타협점 설정

미래 지향을 줄여야 한다는 사실은 분명하다. 하지만 미래 지향을 완전히 배척할 수 없는 이유는 미래의 필요 수치 때문이다.

앞서, 필요 수치를 '행복에 필요한 최소한의 물질적 수치'라고 정의한 바 있다. 이에 따라 미래의 필요 수치는 '미래의 행복에 필요한 최소한의 물질적 수치'라는 뜻으로 사용된다. 이를 간략하게 표현하면 '필요한 최소한의 삶의 안정성'이다.

미래의 필요 수치 미래를 위해 필요한 최소한의 삶의 안정성

필요 수치 파트에서 말한 맹점이 바로 이 부분이다. 일에서 유희를 얻는 대신 현재의 물질적 수치를 낮추는 것은 문제가 되지 않는다. 하지만 그로 인해 삶의 안정성까지 위협받는 상황은 받아들이기 쉽지 않다. 미래의 필요 수치 때문에 물질적 수치를 낮추는 데에는 한계가 존재한다. 미래의

필요 수치도 필요 수치에 포함되기 때문에 일에서 유희를 추구하는 게 제한되는 것이다. 하지만 이를 극복하는 것이 불가능한 일은 아니다. 필요 수치는 타협점의 하한선에 해당하므로 삶의 안정성에 타협점을 설정하고 그 타협점을 낮추면 된다. 그러면 필요 수치라는 제약에서 어느 정도 자유로워질 수 있다.

 삶의 안정성은 적절한 지점에서 타협해야 한다. 얼마나 먼 미래까지 계획하는 것이 효율적인지 판단하여 지향 수치를 제한하는 것이다. 미래에 필요한 물질적 수치를 구체화하고 효율을 기반으로 지향 여부를 결정해야 한다. 타협점 설정의 핵심은 효율이기 때문에 삶의 안정성은 가까운 미래를 계획하는 정도로 타협하는 게 바람직하다. 먼 미래를 대비하려 할수록 미래 지향의 효율이 떨어지기 때문이다.

 미래 지향의 효율을 고려하여 타협점을 설정한다는 것은 매우 주관적인 판단을 요구한다. '미래를 위해 필요한 돈과 사회적 능력'이라는 기준이 매우 모호하기 때문이다. 따라서 삶의 안정성에 대해 타협점을 설정할 때 구체적인 기준점을 제시할 수는 없다. 하지만 미래 지향의 비중을 줄여야 한다는 방향성이 뚜렷한 만큼 그 타협점은 낮을수록 좋다. 삶의 안정성에 대한 타협점이 낮을수록 현재에 집중할 수 있게 된다. 타협점과 필요 수치를 낮출수록 미래를 위해 필요한 희생의 크기가 줄어들기 때문이다.

삶의 안정성에 타협한다는 것은, 미래를 위한 돈과 사회적 능력의 지향 수치를 제한한다는 뜻이다. 이는 과도한 미래 지향에 제동을 걸고 타협점 이상의 안정성을 갈망하지 않는 일이다. 그 타협점은 효율 계산을 통해 산출한 값이기에 충분히 합리적인 지향 수치이다. 타협한 안정성이 미래에 큰 음수로 이어질 정도는 아니라는 뜻이다. 삶의 안정성에 대한 필요 수치만 확보한다면 그 물질적 결핍은 충분히 감수할 만한 수준일 것이다. 현재를 위해 충분히 치를 만한 대가인 셈이다.

미래 지향을 줄이고 현재를 위한 유희의 비중을 늘린다면 삶의 안정성이 떨어지는 것은 사실이다. 그리고 삶의 안정성이 부족하면 미래에 큰 음수와 마주할 수도 있다. 하지만 그게 삶의 안정성에 대해 스스로 타협한 결과라면 음수는 얼마든지 감내할 수 있다. 그 상황이 불행한 결과라고 받아들이지 않는다는 뜻이다. 미래의 필요 수치라는 제약에서 벗어나 많은 양수를 누릴 수 있었다는 점에서 그 선택을 후회하지 않는 것이다.

삶의 안정성에 타협하고 현재를 위한 삶을 산다고 해서, 미래에 반드시 그 대가를 치르게 되는 것은 아니다. 부족한 삶의 안정성이 무조건 음수로 이어지지는 않는다. 많은 준비를 하지 않았지만 삶이 별다른 탈 없이 흘러갈 수도 있고, 치밀하게 준비했지만 불행을 면치 못할 수도 있다. 이는 결과론적인 부분이다.

　삶의 안정성을 갖출수록 미래의 물질적 충족은 안정적으로 이루어지겠지만, 그 대가로 행복을 바치고 있는 것은 아닌지 생각해봐야 한다. 삶의 안정성 때문에 유희나 도전을 포기하는 것은, 삶의 안정성이 부족해서 느끼게 될 음수보다 큰 후회와 미련을 남길 수 있다. 그리고 어쩌면 사람들이 두려워하는 미래는 허상에 불과한지도 모른다. 불안감이 그려낸 불행한 미래를 막연히 걱정하는 것은 아닌지 돌아볼 필요가 있다.

삶의 안정성에 개의치 않는다

　타협하는 데 그치지 않고 삶의 안정성에 개의치 않아야 한다. 타협점을 설정하는 것은 삶의 안정성에 대한 최고점 지향을 막을 뿐이다. 최고점 지향이 심리적 결핍을 유발하기 때문에 이를 막기 위해 타협점을 설정하는 것이다.

　삶의 안정성에 개의치 않는 것은 불안정한 미래에 정면으로 맞서는 일이다. 미래의 행복은 삶의 안정성에서 비롯되는 게 아니다. 삶의 안정성에 개의치 않음으로써 현재에 집중할 수 있게 되었을 때, 현재의 행복이 미래에도 지속될 수 있는 것이다.

　삶의 안정성에 대한 심리적 결핍을 완전히 극복하려면 삶의 안정성에 개의치 않아야 한다. 이는 물질적 수치에 개의치 않는 것과 동일한 메커니즘이다. 삶의 안정성에 개의치 않을 수 있는 근거는 이 파트에서 설명한 내용과 더불어 '수치에 개의치 않는 목적성 - 결론' 파트에서 정리한 내용을 통해 충분히 얻을 수 있다.

  삶의 안정성을 추구하는 이유는 미래에 대한 불안감 때문이다. 사람들은 이를 극복하기 위해 삶의 안정성을 확보하는 일에 지나친 노력을 할애한다. 그러나 미래에 대한 불안감은 돈과 사회적 능력이 아니라 진보된 가치관으로 극복해야 한다. 이때 필요한 가치관이 바로 불가항력에 순응하는 태도다. 불가항력을 받아들이는 것은 이 파트에서 제시하는 가치관의 최종 목적지다.

#32 미래와 운명

"미래는 예측할 수 없잖아요. 불확실한 미래를 대비하려면 삶의 안정성을 많이 확보해야 하지 않나요?"

"삶의 안정성은 갖출수록 좋은 게 사실이에요. 하지만 이를 지향하는 과정에서 현재의 행복이 지나치게 희생된다는 점이 문제예요."

"그렇지만 현재에 초점을 맞추면 언제 어떻게 찾아올지 모르는 음수를 대비할 수 없잖아요. 삶의 안정성에 타협하는 데에도 한계가 있을 것 같아요."

"삶의 안정성에 대한 타협점은 얼마든지 낮출 수 있어요. 그러기 위해서는 미래가 가진 불안정성을 받아들이는 태도가 필요해요. 미래는 불가항력의 영역이거든요. 미래의 모든 음수를 대비하려는 생각 자체를 버려야 해요."

불가항력

불가항력의 사전적 의미는 '인간의 힘으로는 저항할 수 없는 힘'이다. 이는 단순히 천재지변을 뜻하는 게 아니다. 인생이란 큰 틀에서 더 폭넓은 의미로 사용할 수 있다. 어떠한 방법으로도 제어할 수 없는 요소는 전부 불가항력의 범주에 포함된다. 개인의 노력으로는 개선이 불가능한 일부 태생적, 환경적 요소가 이에 속한다. 이러한 요소들은 본인의 의지와 상관없이 오로지 운명에 의해 결정된다.

불가항력은 저항할 수 없는 힘이다. 즉 불가항력에서 비롯되는 음수도 해결이 불가능하다. 이에 따라 불가항력적 음수를 '불가항력에서 비롯된 음수'라고 정의한다.

불가항력 어떠한 방법으로도 제어할 수 없는 요소
불가항력적 음수 불가항력에서 비롯된 음수

심리적 결핍은 모든 지향점에서 생겨난다. 따라서 불가항력적 음수를 극복하려는 생각에서도 심리적 결핍을 느끼게 된다. 음수에서 벗어나고 싶은 마음은 지극히 타당한 감정이다. 그러나 음수를 극복하려는 갈망이 클수록 심리적 결핍도 커진다. 삶의 모든 음수를 청산하려는 욕심은 끝없는 심리적 결핍을 유발할 뿐이다. 해결할 수 없기에 불가항력적 음수를 받아들여야 한다. 그게 불가항력적 음수에 대한 심리적 결핍을 극복하는 유일한 방법이다.

불가항력에 대항하려는 것은 미련한 행동이다. 세상에는 해결이 불가능한 일도 존재한다. 불가항력적 음수는 어떠한 방법으로도 극복할 수 없다. 따라서 불가항력을 수용하는 태도가 필요하다. 해결할 수 없는 음수를 삶의 일부로 받아들여야 한다. 설령 불가항력이 지독한 음수의 발원지라고

해도 마찬가지다. 인간의 힘으로는 맞설 수 없다는 사실을 알기에 그 운명을 받아들이는 것이다.

불가항력을 수용함으로써 심리적 결핍에서 벗어날 수 있다. 불가항력에 대한 심리적 결핍을 극복한다면 음수는 크게 줄어든다. 물질적 결핍은 피할 수 없지만 심리적 결핍은 얼마든지 줄일 수 있다.

수많은 물질적 결핍은 노력으로 해결할 수 있다. 하지만 삶에서 절대 극복할 수 없는 요소도 존재한다. 거기서 비롯되는 음수에 대해서만 수용하는 것이다. 이를 잘못 해석해서 모든 것을 운명의 탓으로 돌리며 비관해서는 안 된다. 삶을 운칠기삼이라 여기며 체념하라는 의미가 아니라 삶의 불가항력적 특성을 이해하고 그 운명을 받아들이는 태도를 가져야 한다는 뜻이다.

모든 물질적 결핍을 해결하는 게 능사가 아니다. 극복할 수 있는 물질적 결핍이라면 효율을 고려하여 문제 해결 여부를 결정해야 한다. 그리고 물질적 결핍이 불가항력적 음수라면 운명을 받아들여서 심리적 결핍을 청산해야 한다. 해결할 수 없는 문제에 매달리는 것은 심리적 결핍을 키울 뿐이다. 절대 극복할 수 없는 음수, 절대 가질 수 없는 양수에 대해서는 단념해야 한다. 그리고 제어할 수 있는 요소에 집중하는 게 현명한 판단이다.

미래는 불가항력이다

 미래를 통제하려는 욕심은 돈과 사회적 능력에 대한 심리적 결핍을 유발한다. 이는 미래에 대한 불안감을 삶의 안정성으로 극복하려는 태도에서 발생하는 문제다. 미래에 대한 불안감은 삶의 안정성이 아니라 불가항력을 수용함으로써 해결해야 한다. 미래는 불가항력의 범주에 포함되기 때문이다.

 미래는 본래 불안정하다. 예측할 수 없고 또 계획대로 흘러가지 않는다. 삶의 안정성을 확보해서 불안정한 미래에 대항하려는 생각을 버리고 그 불안정성을 온전히 받아들여야 한다. 불가항력에 맞서는 것이 무의미한 행동이라는 사실을 이해해야 한다. 아무리 완벽하게 대비한다고 해도 제어할 수 있는 미래에는 한계가 존재하기 때문이다. 삶의 안정성으로 미래를 준비할 수는 있지만 미래에 마주할 모든 음수를 대비하는 것은 불가능하다. 따라서 미래를 준비하되 그 한계를 받아들여야 한다. 미래가 가진 불가항력적 특성을 이해해야 한다. 이러한 자각은 심리적 결핍을 극복할 뿐만 아니라 삶의 안정성에 개의치 않을 수 있는 근거로도 작용한다.

운명이 허락하지 않는 행복

 수많은 삶의 요소는 무작위로 정해진다. 따라서 태생적,

환경적 요소에 불균형이 존재할 수밖에 없다. 이 사실을 받아들여야 한다. 삶이 불공평하다는 사실에 불만을 품는 것 자체가 큰 심리적 결핍을 유발한다. 운명에 순응하는 것은 음수에 대한 심리적 결핍을 청산하는 일이다. 기구한 운명보다 자신을 괴롭히는 것은, 불가항력을 수용하지 못해서 생겨난 심리적 결핍이다. 냉정하고 안타까운 현실이지만 이에 불만을 가지는 것은 심리적 결핍을 키울 뿐이다.

운명에 순응해야 하는 수많은 이유가 존재하더라도 이는 결코 쉽지 않은 일이다. 머리로는 이해하지만 마음으로는 쉽게 받아들여지지 않는다. 불가항력에서 비롯되는 음수가 클수록 어려운 일이다. 이러한 억울한 마음을 뒤로한 채 운명을 받아들이기 위한 노력이 필요하다. 불가항력을 수용한다면 더 이상 당신의 마음속에 심리적 결핍이 자리잡을 곳은 없다. 현실을 받아들임으로써 행복이라는 이상을 현실로 만들 수 있다.

#33 나의 우주

불가항력에 대한 설명을 마지막으로 교수의 강의는 끝이 났다. 교수는 오늘이 마지막 만남이라고 밝혔다. 행복에 대한 의문은 계속해서 생겨날 텐데, 더 이상 답을 구할 수 없다는 생각에 큰 아쉬움이 몰려왔다. 연락처를 알려줄 수 있는지 묻자 교수가 내게 말했다.
"제가 알려준 내용을 바탕으로 충분히 해답을 찾을 수 있어요. 제게 묻는 것보다, 스스로 답을 찾아가는 과정에서 더 많은 것을 배울 수 있을 거예요."
"자신이 없어요. 교수님 설명도 제대로 이해하지 못했는데요."
"넓은 시야를 가져요. 행복의 비밀은 거기 있으니까요."
그렇게 교수는 내게 마지막 인사를 건넸고 그 이후로는 교수를 만날 수 없었다.

나는 교수의 마지막 말뜻을 해석하다가 한 가지 결론을 내렸다. 교수가 말한 넓은 시야는 범우주적 사고를 뜻하는 게 아닐까 싶었다. 광활한 우주에서 내가 추구하는 행복이 얼마나 작은지 알라는 뜻이라고 생각했다. 그러나 교수의 말을 수없이 되풀이한 결과, 그 반대의 의미였다는 사실을 깨달았다.

이 우주에서 내가 얼마나 작은 존재인지는 중요치 않다. 적어도 내게는, 내 삶이 우주의 전부이니까. 이러한 측면에서 본다면 천동설이 무조건 틀렸다고 할 수는 없을 것 같다. 적어도 내게는, 모든 우주가 나를 중심으로 돌고 있으니까.

단어 정리

1. 기본 개념

양수
긍정적 감정, 물질적 충족

음수
부정적 감정, 물질적 결핍

행복
삶에 만족하는 상태
삶에 대한 심리적 충족
지향하는 삶 ≤ 현재의 삶

불행
삶에 불만족하는 상태
삶에 대한 심리적 결핍
지향하는 삶 > 현재의 삶

수단 (행복 추구 수단)
행복을 얻기 위한 모든 수단

가치

행복

수단으로서 가치

행복 추구 수단의 가치.

효율과 유일성을 기준으로 판단한다

사랑

모든 애착관계에서 느낄 수 있는 양수

효율

소모 대비 이익

이익

소모를 통해 얻는 모든 양수

소모

소모되는 모든 자원

자원

시간, 돈, 정신적·육체적 에너지

2. 물질

물질적 충족
물질적 요소를 통해 얻는 양수

물질적 결핍
물질적 수치가 낮을 때 육체적으로 느끼는 음수

수치 (물질적 수치)
물질적 요소의 질.
넓은 의미로는, 모든 지향 요소의 질적 수준

물질적 요소
물질적 충족을 성립시키는 삶의 모든 물질적 요소

유희
행동에서 비롯되는 즐거운 감정

유희 요소
유희를 느끼게 하는 요소

유희 추구 수단
유희를 얻기 위한 수단.
행복 추구 수단의 하위 개념

유희 증감 요소
유희를 증감시키는 요소.
인간관계와 가용 에너지가 이에 속한다

가용 에너지
사용할 수 있는 정신적·육체적 에너지의 총량

욕구충족
오감을 통해 느끼는 육체적 양수

발전
미래의 행복을 위한 노력

발전의 결과물
발전을 통해 얻은 모든 성과

현재 수치

현재의 물질적 수치

사회적 능력

개인의 생산력.

경제력의 척도가 되는 능력, 자격, 경력 등

삶의 안정성

현재의 물질적 수치를 유지하는 요소.

돈과 사회적 능력이 이에 속한다

미래 지향

삶의 안정성을 확보하기 위한 노력

불가항력

어떠한 방법으로도 제어할 수 없는 요소

불가항력적 음수

불가항력에서 비롯된 음수

3. 심리

심리적 충족

만족 (원하는 만큼 가진 상태)

지향 수치 ≤ 현재 수치

심리적 결핍

불만족 (원하는 만큼 갖지 못한 상태)

지향 수치 > 현재 수치

지향 수치

원하고 지향하는 물질적 수치

물질중심적 가치관

물질적 충족을 행복의 척도로 여기고

삶의 최우선 순위로 두는 가치관

최고점 지향

지향 요소의 가장 높은 지점을 추구하는 것

타협점

지향 수치에 대한 타협 지점

필요 수치

행복에 필요한 최소한의 물질적 수치.

타협점의 하한선

미래의 필요 수치

미래의 행복에 필요한 최소한의 물질적 수치.

삶의 안정성에 대한 타협점의 하한선

수치에 개의치 않는 목적성

지향하되, 지향하는 요소의 수치를 신경쓰지 않는 것

유희 성향

유희를 느끼는 개인의 성향

열등감

심리적 결핍을 느끼는 요소를 타인과 비교할 때

느끼는 음수

우월감

타인의 평가에서 비롯되는 가짜 양수.

심리적 충족을 느끼는 요소가 남에게 인정받을 때 생겨난다

허영심

타인에게 자신을 직·간접적으로 내세워서 우월감을
얻으려는 행동과 그 마음

행복을 구하는 공식

초판 1쇄 발행 2023년 12월 8일

지은이 유랑운
펴낸곳 새벽출판사

ISBN 979-11-985231-0-5
출판등록 제2023-000029호

책값은 뒤표지에 표시되어 있습니다.
저작권법에 의해 보호받는 저작물이므로 무단 전재와 무단 복제를 금합니다.

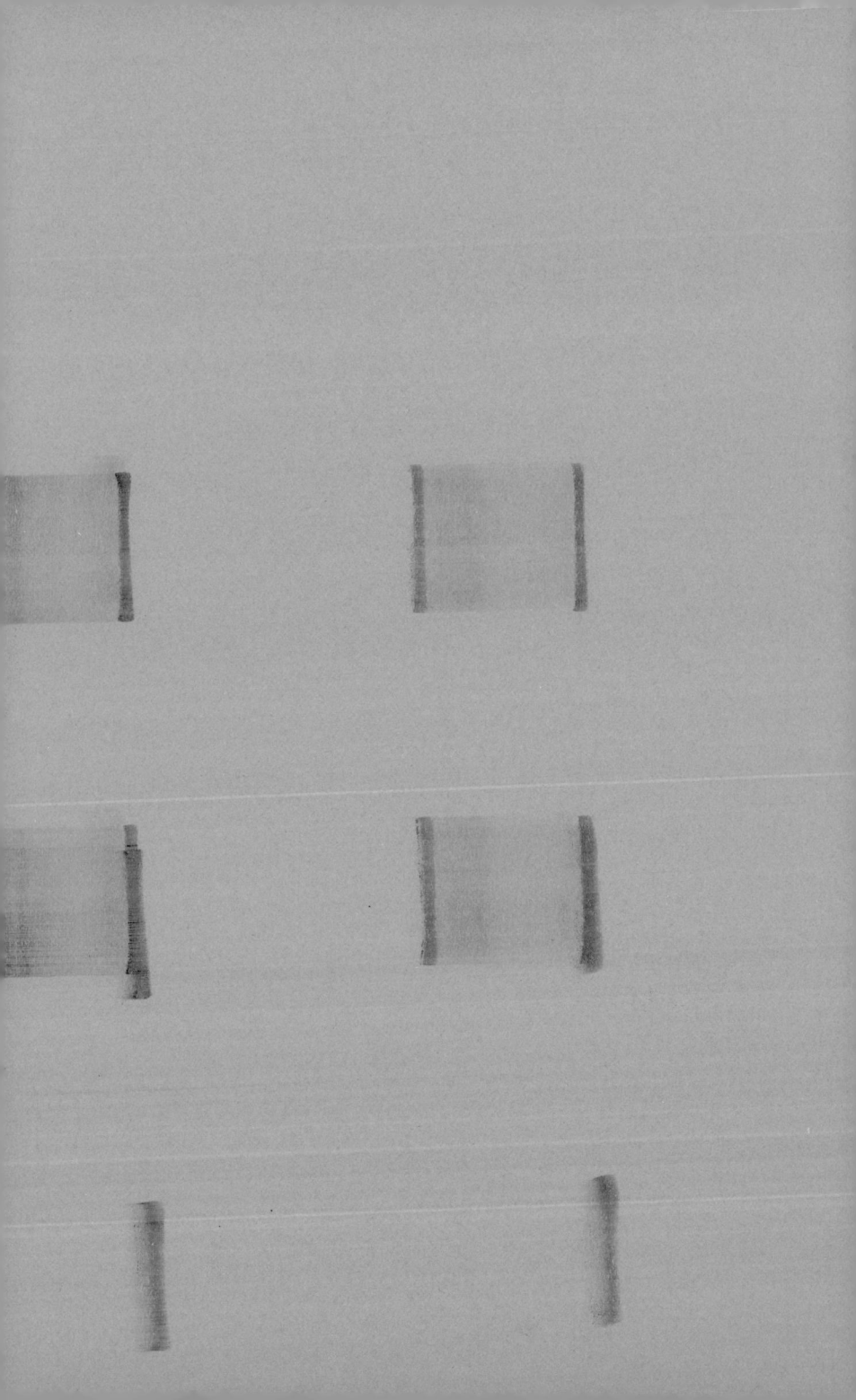